+1 Section Training

カットの力を効率的に高める
「プラス1セクション」
トレーニング

Fiber Zoom

SHINBIYO SHUPPAN

はじめに

20年前に新たな可能性を切り拓いたセクションカットは今やすっかり浸透し、2セクション構造のスタイルはほとんど基本といってもいいようになりました。これからますます多くなる大人世代の顧客を満足させていくには、よりレベルの高い、セクションによる切り分けが求められています。若い頃とは変化してきた髪質の問題を解決したり、より個人的になっていく嗜好性をヘアスタイルの中に取り入れたり、トレンド一辺倒ではない、クオリティの高いデザインを作るためにはどうしても切り分けが必要になってくるからです。ただし、3セクション以上のカットの方法と得られる効果は、技術者個人の能力や判断に委ねられている部分が大きく、広く共有化されていません。

この本では、基本の2セクションにさらにもう1セクションだけ切り分けて作るスタイルを、実例としてまとめてみました。どの部分にどんなカットを加えると、どのようにスタイルが変化し、どんな効果が生まれるのか、理解できる作りになっています。
原型から実戦型へとスタイルを展開させていくので、無理なく効率的に、スタイルの幅を広げることができます。
セクションカットって難しそう、という先入観を持っている人にも、チャレンジしやすいトレーニング内容になっていますので、ぜひ試してみてください。

Fiber Zoom 井上和英

Contents

P2 　　はじめに

P4 　　「原型＋1セクション」の考え方

P6 　　原型になるのはこの4点

P10 　　原型Ⅰ　HG+Gからの展開

P48 　　原型Ⅱ　S+Lからの展開

P68 　　原型Ⅲ　S+HGからの展開

P88 　　原型Ⅳ　サイド+バックからの展開

P108 　カットの基礎知識

P114 　おわりに

P115 　協力者一覧

「原型＋1セクション」の考え方

この本では、サロンワークでよく使う2セクション構造を「原型」と呼びます。
下の図は、その原型となる2セクションに、もう1セクション切り分けをすることでスタイルを展開していく方法を示したものです。
どの場所をどのように切るとどんなスタイルが生まれるか、後のページで確認してください。

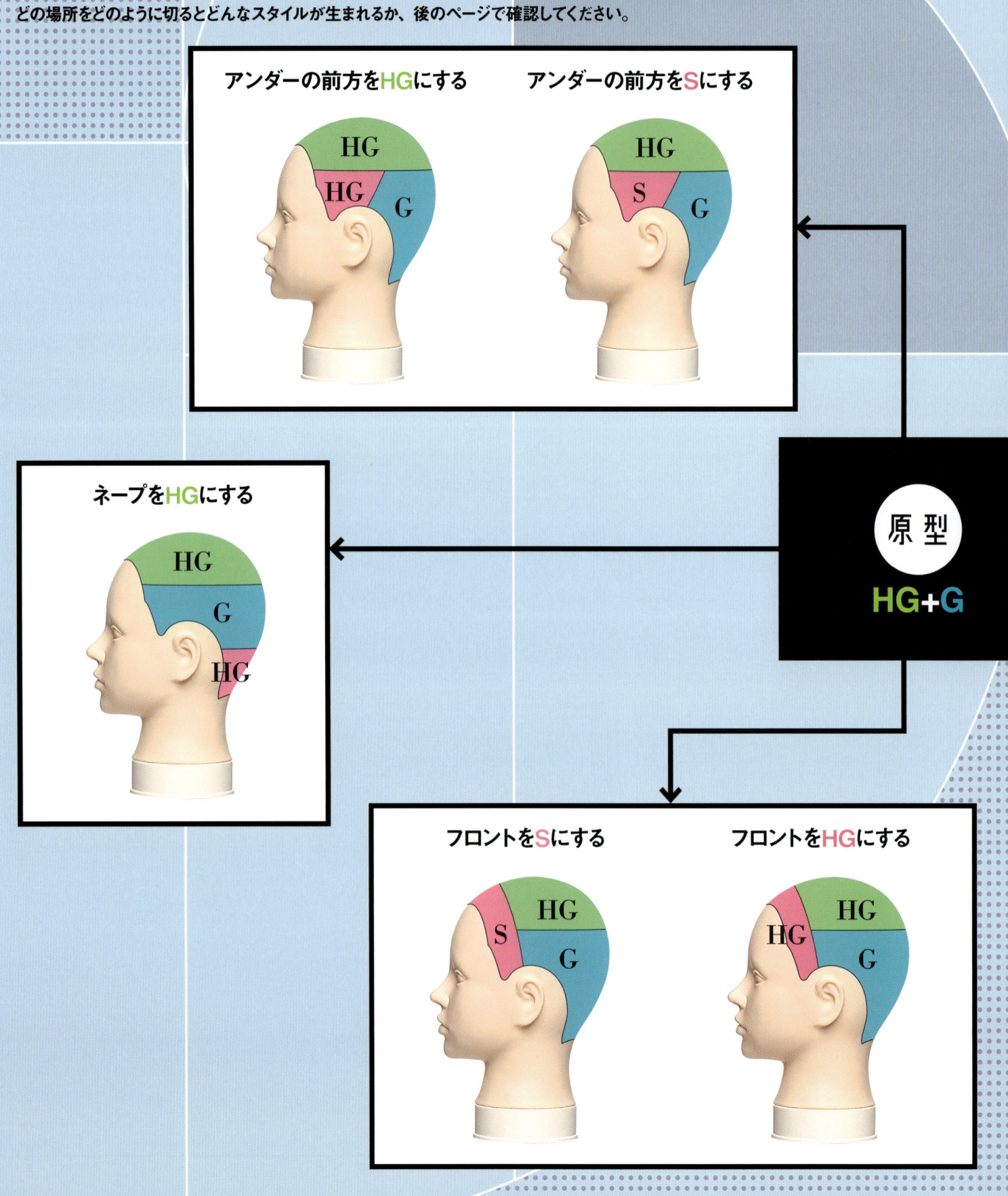

アンダーの前方をHGにする
アンダーの前方をSにする

ネープをHGにする

原型
HG+G

フロントをSにする
フロントをHGにする

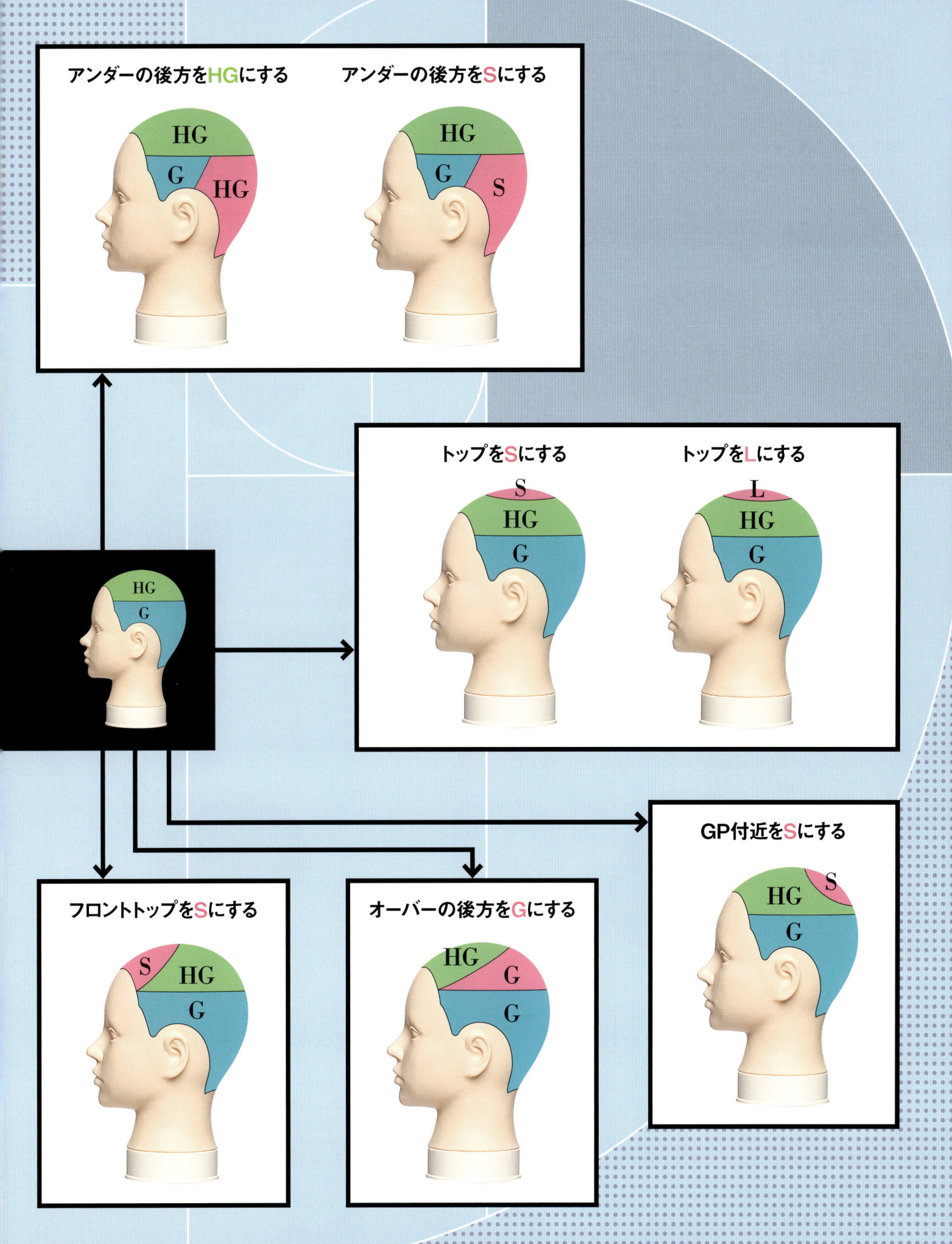

アンダーの後方をHGにする	アンダーの後方をSにする

トップをSにする	トップをLにする

フロントトップをSにする	オーバーの後方をGにする	GP付近をSにする

原型になるのはこの4点

スタイルを展開する元になる4つの構造です。
グラデーションとレイヤーの組み合わせ方は他にも考えられますが、その中でもサロンワークで使いやすい組み合わせを選んでいます。
原型IからIIIまでは上下の2セクションで、ロングスタイルを想定したIVだけは前後のセクションの組み合わせになっています。

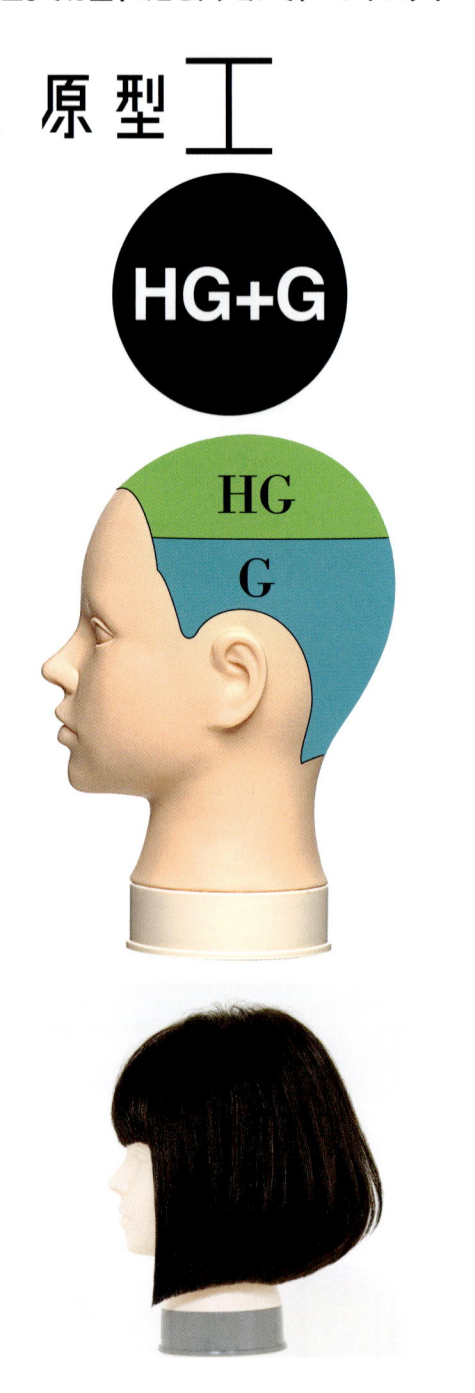

原型 I

HG+G

ボブの代表的2セクション

オーバーセクションがHG＝ハイグラデーション、アンダーセクションがG＝グラデーションの組み合わせ。ボブ人気が続く今の時代、非常に出番の多い2セクションと言える。この構造で切られたスタイルは、下部にはたっぷりとした重さがあるにもかかわらず、フォルムにはほんのりと丸みがあるのが特徴。全体をGで切るよりも、軽やかで洗練された印象になる。

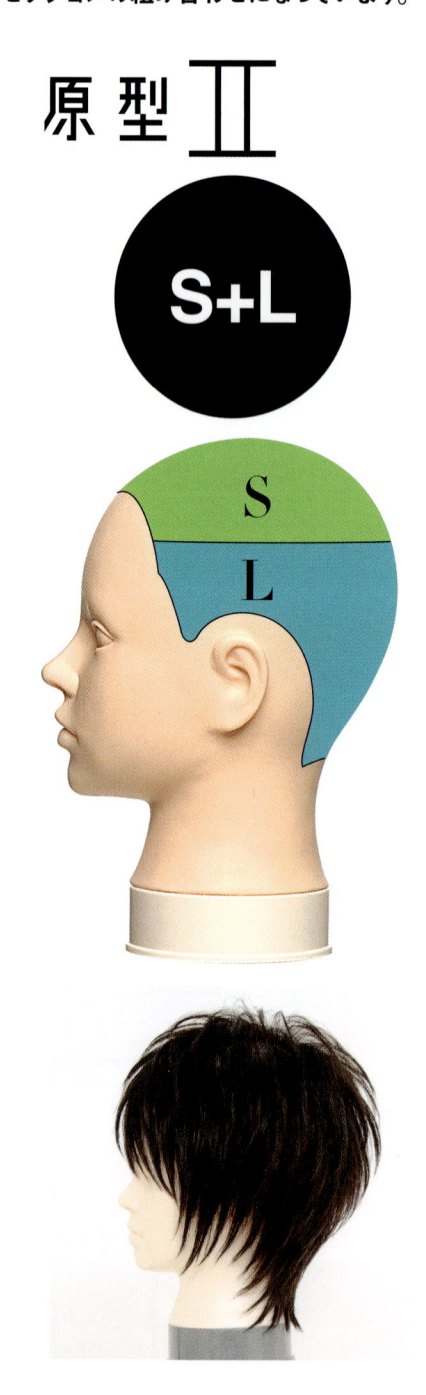

原型 II

S+L

すそに薄さや軽さを出すスタイルに

オーバーセクションがS＝セイムレイヤー、アンダーセクションがL＝レイヤーの組み合わせ。近年女性には重さのあるグラデーションベースのスタイルが好まれ、縦長なフォルムになるレイヤー構造のスタイルは少ない。しかしオーバーをSにすることによってフォルムに丸みが加わり、かわいらしさが出てくる。レングスを短めにすることによって、メンズヘアにもよく応用される。

原型 III

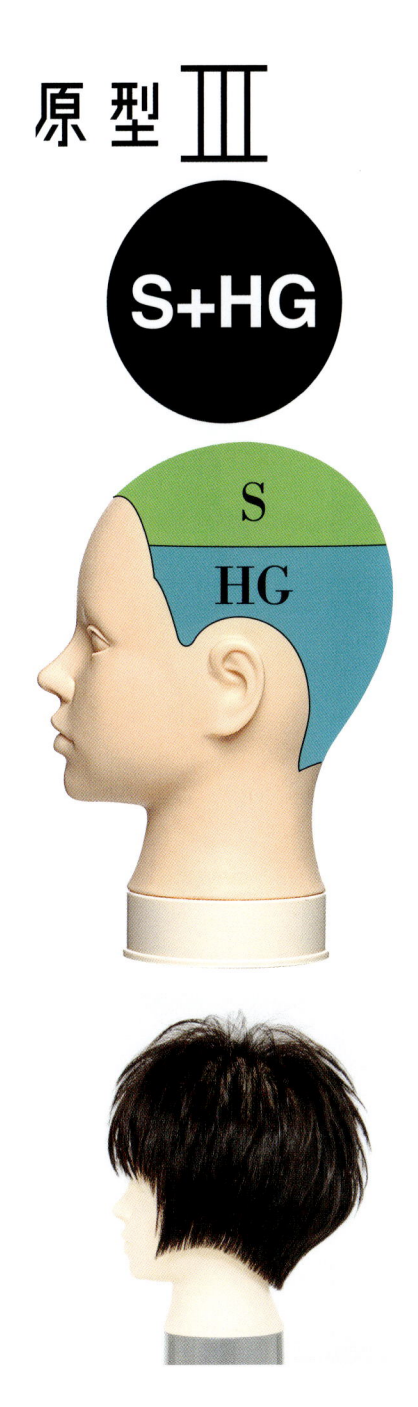

S+HG

ボブにショート風の軽さを出す

ボブの次に注目されている、「重さは残っているけれど軽やかさも感じる」スタイルを作るのに最適な2セクション。アンダーのHG＝ハイグラで重心ができるので、スタイル全体に安定感がある。その上をS＝セイムレイヤーで切ることで、丸みのあるフォルムが生まれ、さらに髪に動きが出て軽やかさを表現できる。4つの原型の中でも、特に変化が大きいので68ページ以降で確認してほしい。

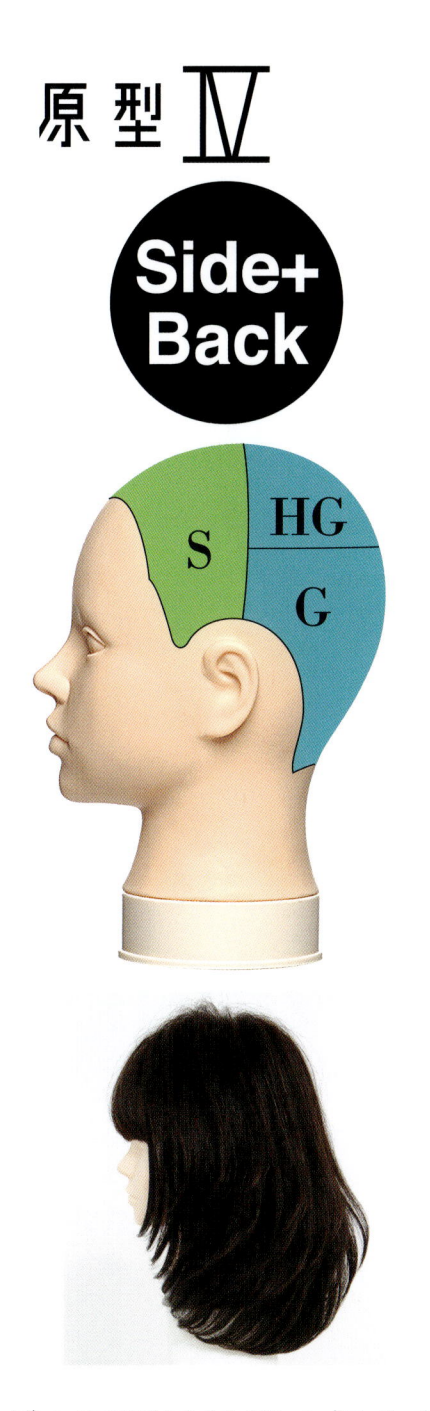

原型 IV

Side+Back

ロングの原型は前後の組み合わせ

ロングヘアの場合、上下より前後の組み合わせで考えた方が、デザインの展開がしやすい。そのため原型IVだけは前後セクションの組み合わせになっている。さらに他の原型と違って、S、HG、Gと3セクションの構造になる。この原型でできるスタイルは、すそに重さがあり、フォルムにはやや丸みが出ていて顔まわりは軽いという、今どきロングの王道デザインになる。

原型 I　HG+G からの展開

プラス1セクションの展開例 ①−⑫
このうち❶❸❹❼❽❾については12ページ以降でカットを解説している。

❶ ネープをHGにする

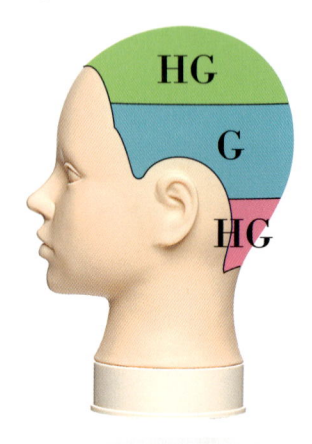

❷ アンダー後方をHGにする

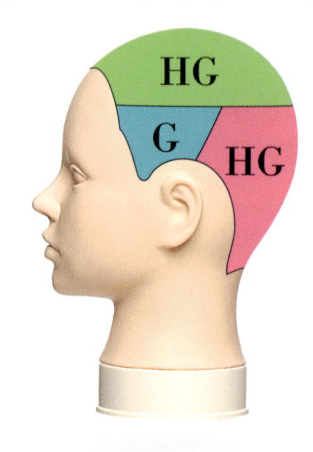

❸ アンダー後方をSにする

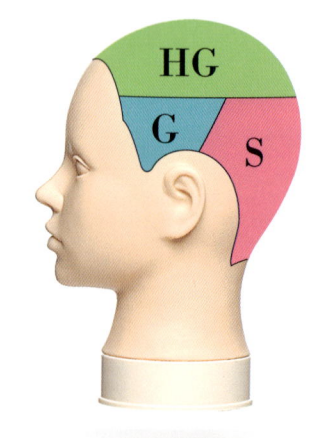

えり足に縦の距離感が生まれる

段差のあるグラがついてネープのフォルムが削られることで、縦の距離感が生まれる。重心の位置が上がり、原型に比べてシャープ感が出てくる。

原型に比べてシャープ感が出る

アンダーの後ろに縦の距離感が生まれ、やや高めにウエイトができる。前が重く後ろが軽いコントラストになり、シャープ感のあるヘアスタイルになる。

バックが縦長でくびれのあるフォルムに

バックの重心が上がり、全体にショートっぽい印象になる。GとSの前後のコントラストが強調されるので、結果的にハードなテイストになりやすい。

ボブ人気が続く今、HG+Gはサロンで最も使える原型2セクション。低い位置にたっぷりした重さを残しつつ、フォルム自体は丸みがあり、柔らかく洗練された印象のスタイルが作れる。

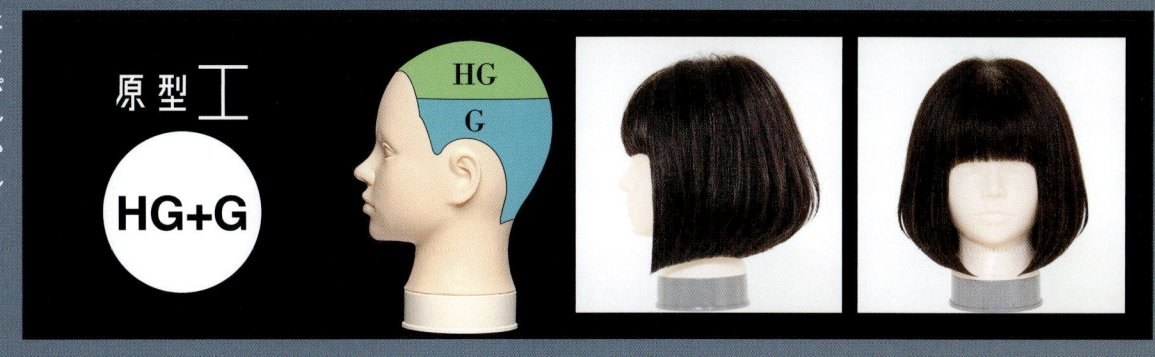

原型 工

HG+G

---

❹アンダー前方をHGにする

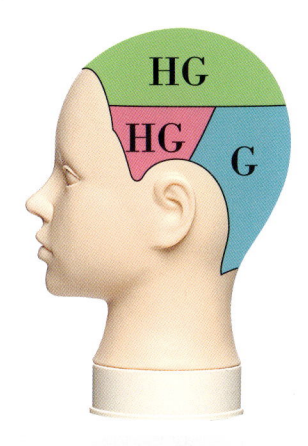

正面の印象が原型より縦長になる

HGで削られることで正面から見たフォルムが原型より縦長になる。前方のウエイト位置が後ろのウエイトよりも上がり、ややカジュアルな印象が生まれる。

---

❺アンダー前方をSにする

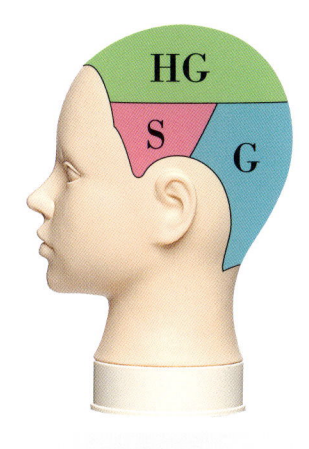

正面がより縦長感のある印象に

❹よりさらに段差がつき、正面のフォルムがくびれのある縦長になる。ウエイト位置が上がるため、ショートヘア感が強まり、親しみやすいボブになる。

---

❻トップをSにする

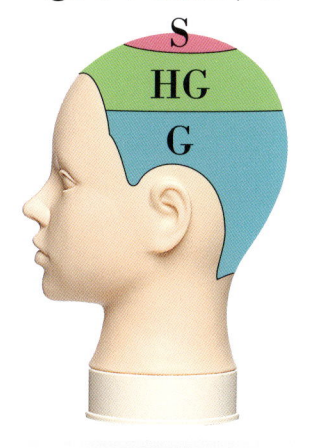

動きが出てフォルムはフラットに

トップに縦の距離感と動きが生まれ、原型よりもウエイトがややフラットになる。スタイル全体に縦長感が生まれるため、活動的なイメージがプラスされる。

原型 I

HG+G からの展開

プラス1セクションの展開例①-⑫
このうち❶❸❹❼❽❾については12ページ以降でカットを解説している。

❼トップをLにする

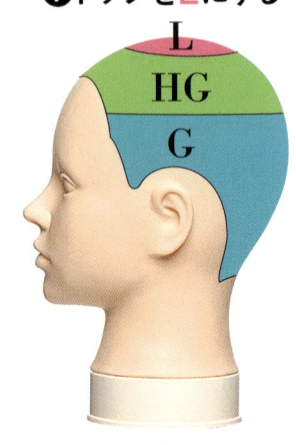

❽フロントトップをSにする

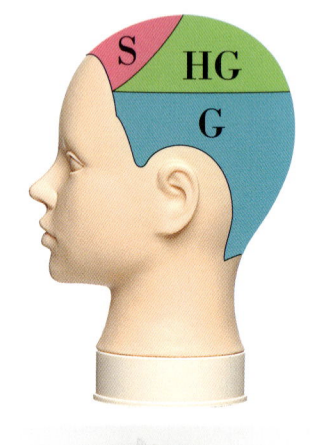

❾フロントをSにする

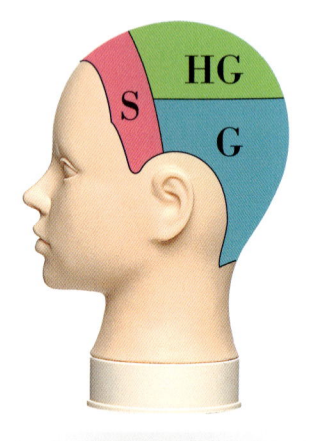

さらに動きと
フラット感が強まる

トップに大きな動きと、強い縦の距離感が生まれ、全体にフラットなフォルムのボブスタイルになる。重さと軽さのコントラストで、ハード感とカジュアル感が出る。

正面が縦長な印象に
変化する

フロントに縦の距離感と動きが生まれ、前方のフォルムが原型に比べてフラット気味になり、低い位置にウエイトができる。エレガントな印象のボブになる。

フロントに軽さと
動きが生まれる

S→Gと前から後ろへ移行していくので、後ろほどウエイト位置が低くなり、横幅も広がるフォルムになる。フェミニンでありながら活動的な印象も出る。

原型 I

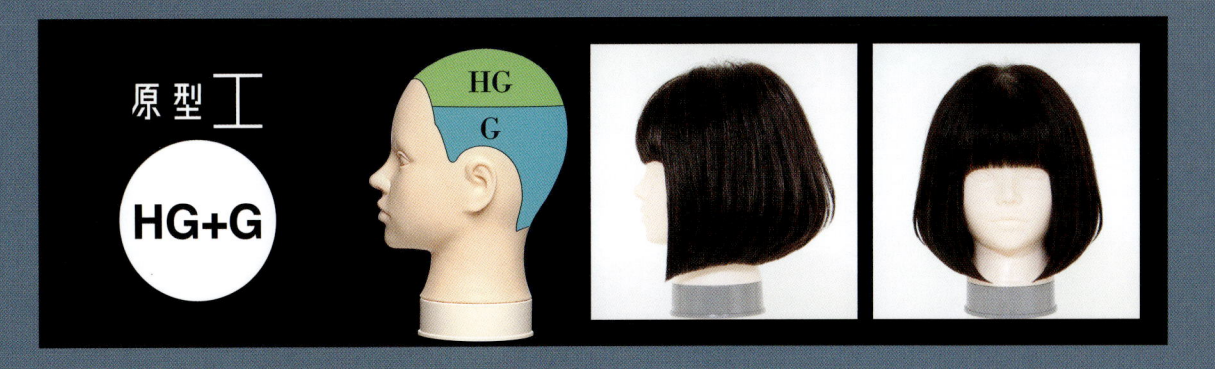

HG+G

⑩フロントをHGにする

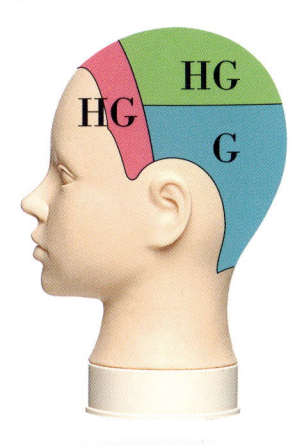

⑪オーバー後方をGにする

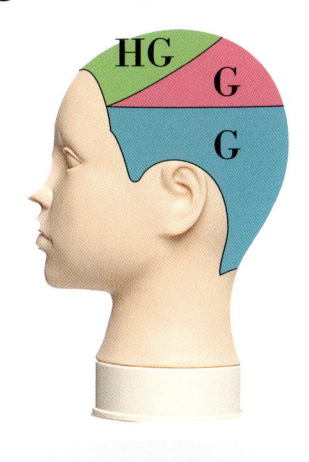

⑫トップの後ろをSにする

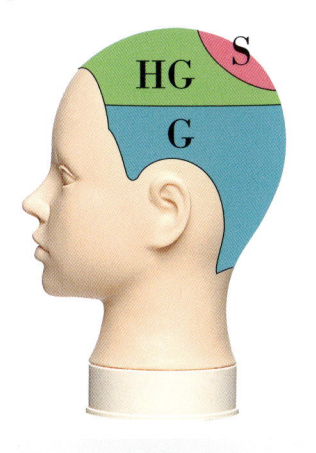

**正面に
控えめな軽さがつく**

❾ほど軽くはならないが、フロントにソフト感とさり気ない動きが生まれる。段差が前上がりにつくので、スタイル全体も明るい印象に。

**原型に比べ
バックの量感が目立つ**

ワンレングスに近い、後ろに大きな横幅を持ったフォルムになり、重心も原型より位置が低くなる。クラシックで落ち着いた印象のボブスタイルになる。

**つむじ周辺に
高さと動きが出る**

スタイルの前方には重さと安定感があり、後ろに軽さと動きがある。そのコントラストのため、本来落ち着いた印象のあるボブにシャープ感が加わる。

原型 エ
HG+G ＋ネープHGで作るスタイル

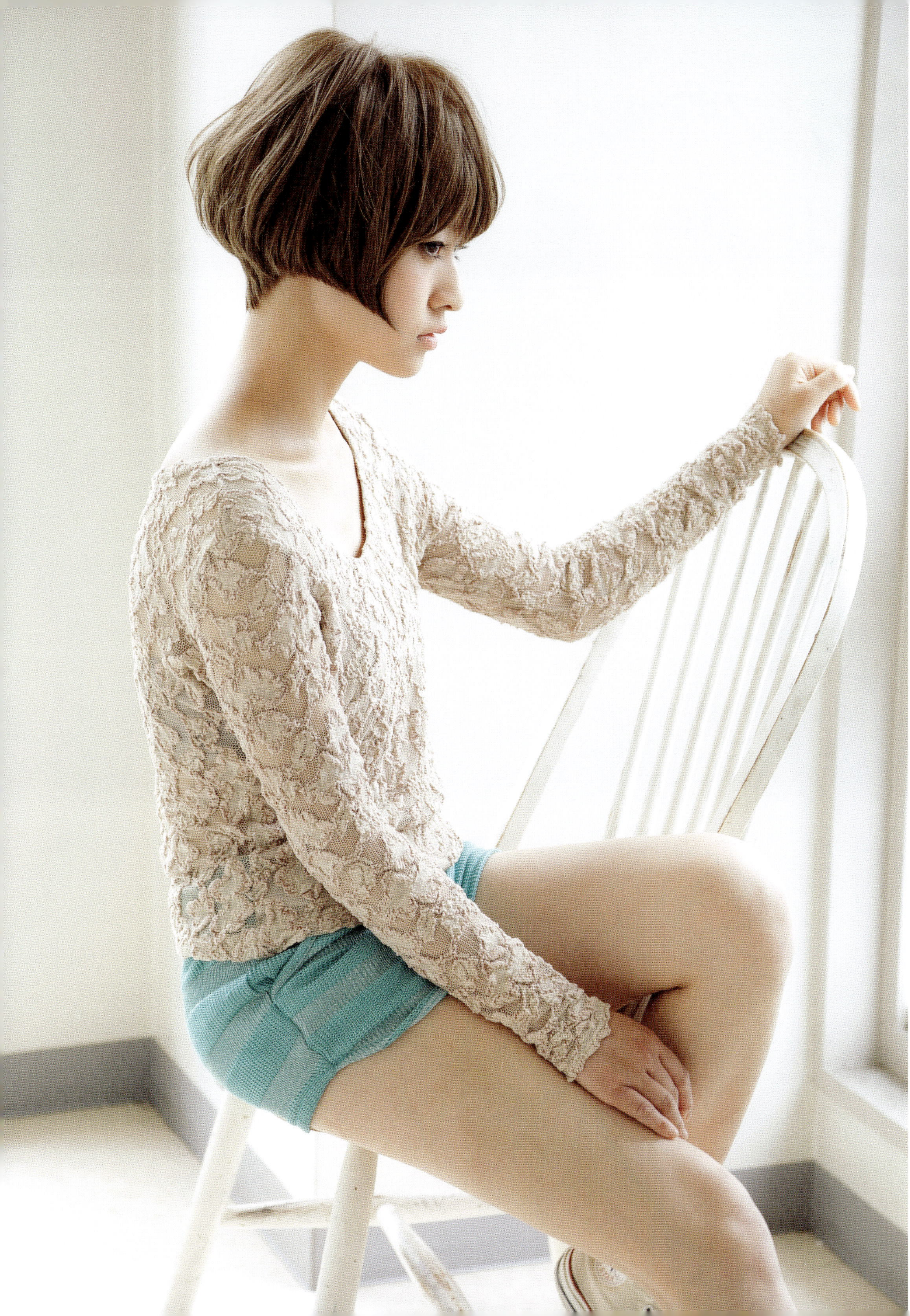

原型 I

HG+G ＋ネープHGで作るスタイル　カットの組み立て

ネープがタイトなので、すそまで厚みのあるボブに比べるとシャープな印象のスタイル。重心が上がるため、軽やかさも感じる。

NAPE SECTION
ネープセクション

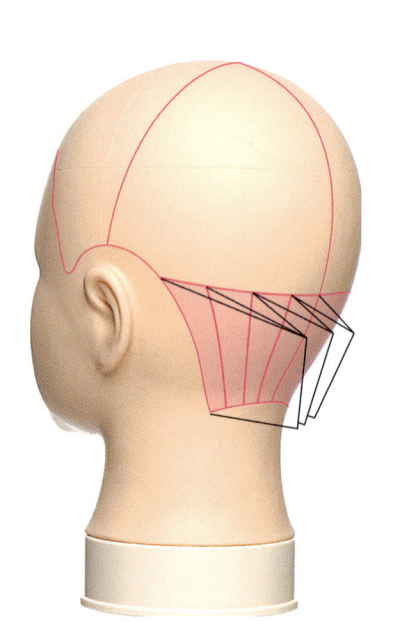

短く詰まったタイトなえり足を作る

首に添わせたタイトなフォルムを作る部分。縦スライスでカットし、幅の広い段差がついた、ハイグラデーション（HG）にする。

UNDER SECTION
アンダーセクション

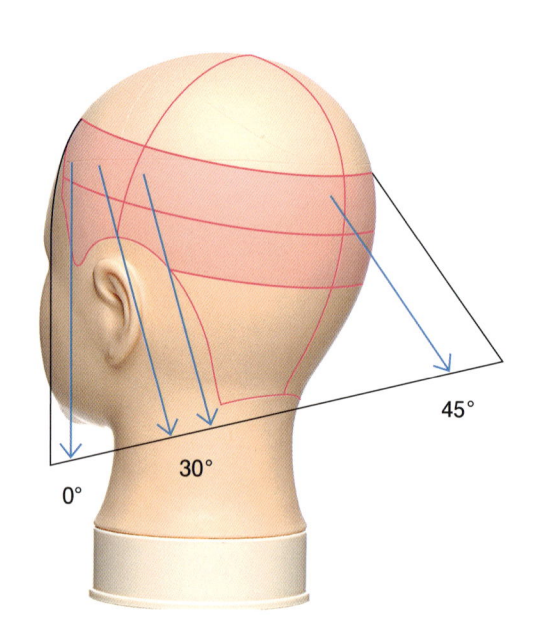

横スライスのグラで重心を作る

スタイルの土台になり、ボブらしい重さを作る部分。ここはHGより重いGでカットする。横スライスを低めのリフトでカットし、幅の狭いグラデーションをつける。

OVER SECTION
オーバーセクション

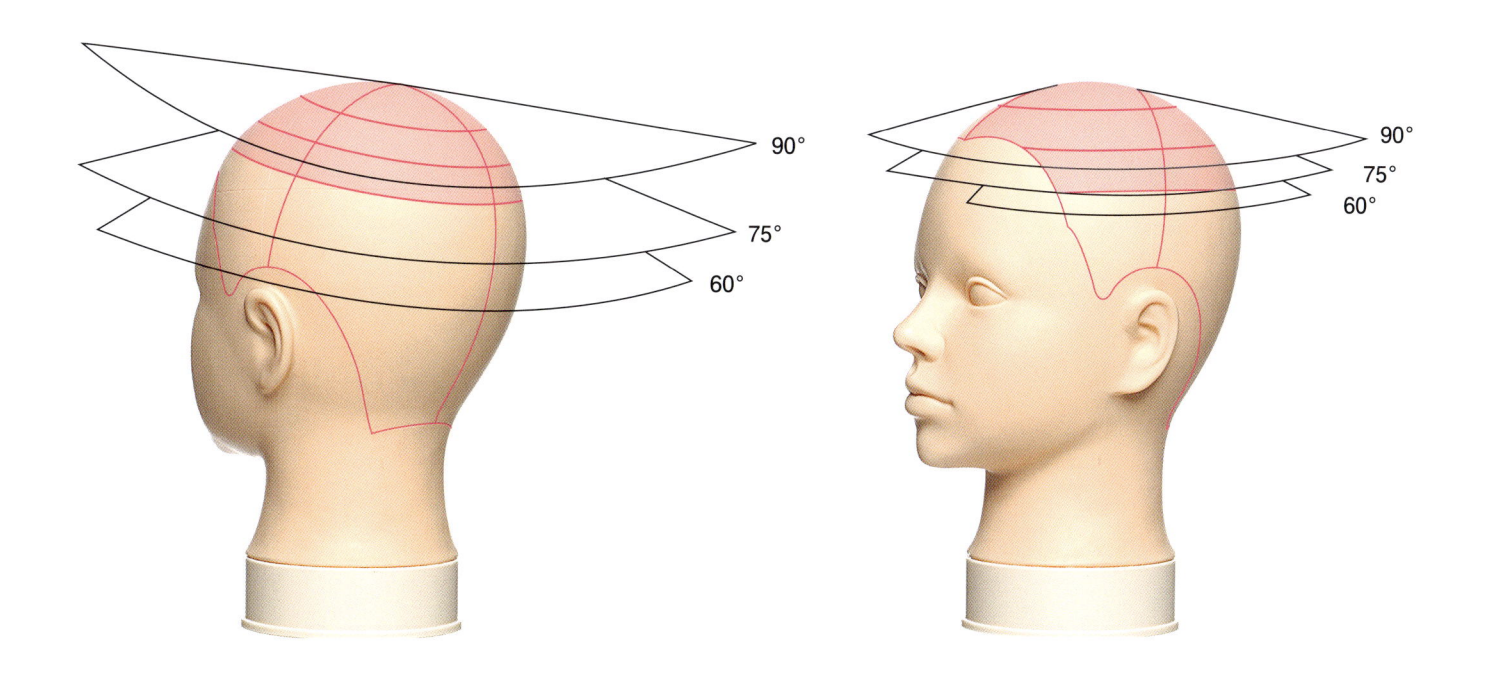

ハイグラで丸みと軽やかさを作る

スタイルの表面に軽さを出し、フォルムに丸みを与える部分。横スライスだが大きくリフトを上げて切ることで、幅が広めの段差をつけ、ハイグラデーションにする。

原型 I

HG+G +ネープHGで作るスタイル カットのプロセス

NAPE SECTION ネープセクション

01 センターから縦スライスを45度に引き出して、シェープに垂直にカットする。

02 次のスライスからは1つ分後ろにODしながらカット。

03 耳後ろは2スライス分後ろまでODしてカットする。

UNDER SECTION アンダーセクション

04 2段に分けてカットしていく。バックのセンターから横スライスをとり、45度リフトでカット。

05 前方へ切り進む。耳後ろはやや後ろにODして切る。リフトを下げていき、ここは30度のリフトでカット。

06 耳上も後ろにODしてカット。さらにリフトを下げ、指1本分上げて切る。

07 もみあげ部分はリフトせず真下にシェープ。前下がりのラインでカットする。

08 2段目はバックからフロントまで、1段目と同じリフト、ODでカットする。

14 1段目を切ったのと同じODでカットしていく。フロントまで75度のリフトで切り進む。

15 3段目は90度(床と水平)のリフトでカット。

16 1、2段目は耳周りを大きくODして切ったが、3段目はあまりODしない。

17 リフト90度のままフロントまでカット。1、2段目に合わせて前下がりのラインを切る。

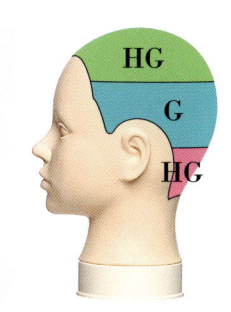

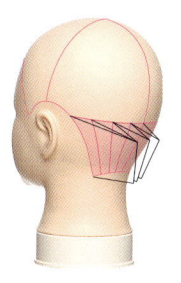

ネープセクション　　アンダーセクション　　オーバーセクション

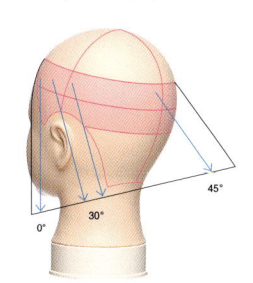

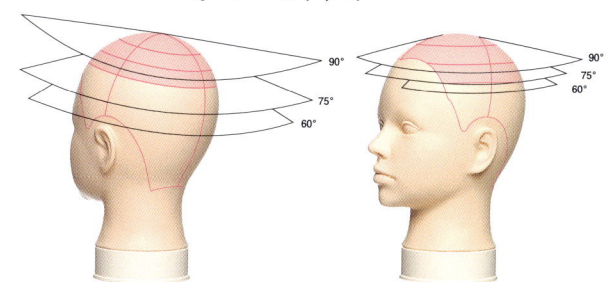

OVER SECTION オーバーセクション

09 1段目と同じリフト、ODでカット。

10 3段に分けて切っていく。1段目はバックのセンターから横スライスをとり、60度のリフトでカット。

11 耳周りは後ろにODしてカットする。リフトは60度をキープ。

12 フロントは60度リフトして、前下がりのラインでカット。

13 2段目はリフトを75度に上げてカットする。

BANG バング

18 三角ベースをとり、指1本分のリフトでカットする。

VOLUME&TEXTURE 毛量調節・質感調節

19 量感を減らしたいもみあげ上を削ぐ。縦スライスを引き出し、インナーグラでセニングを入れる。

20 毛先に柔らかさをつくる。毛束を縦に引き出し、ポインティングで削ぐ。

17

原型 エ
HG+G ＋アンダーの後方Sで作るスタイル

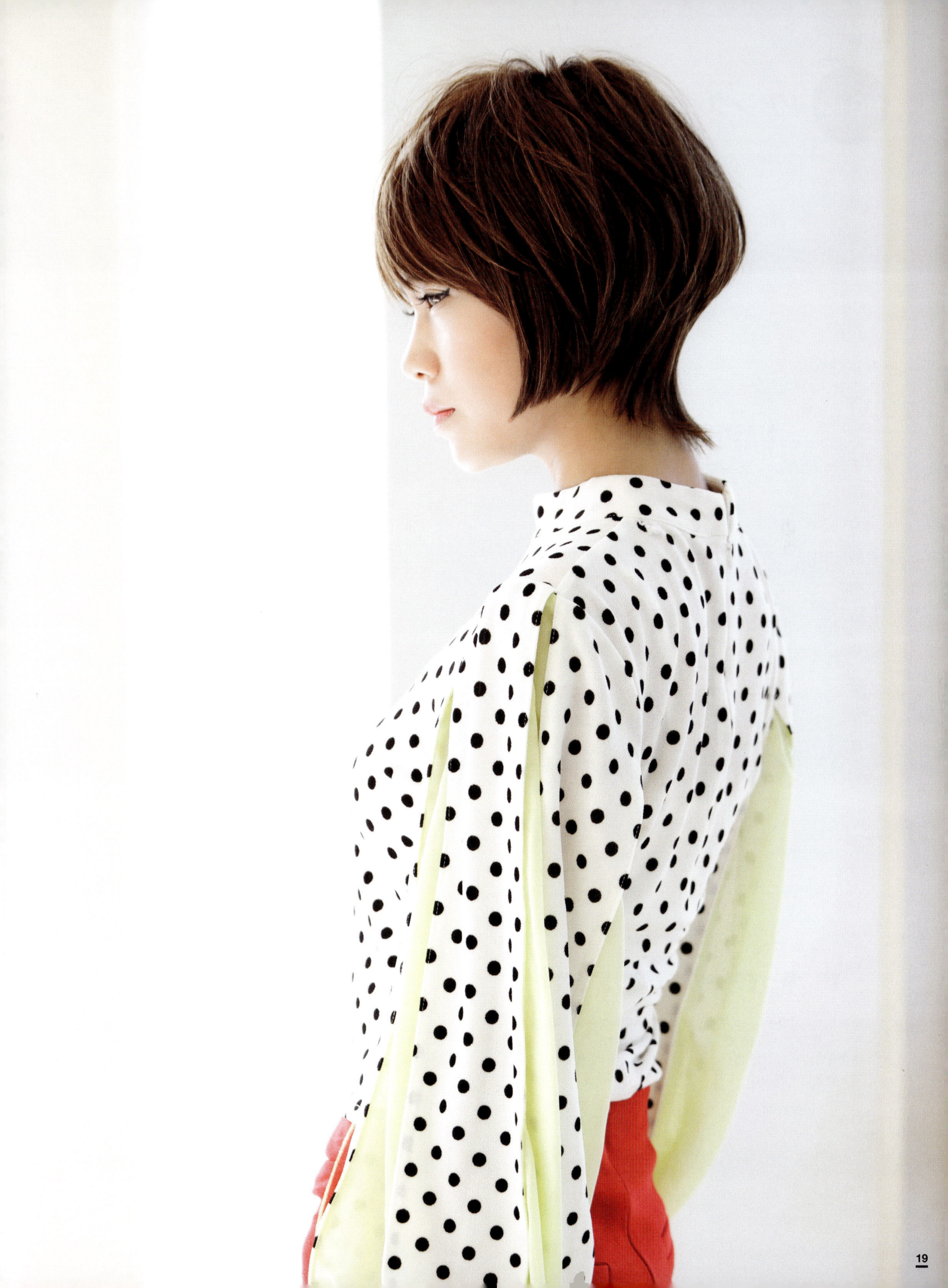

原型 I

HG+G ＋アンダーの後方Sで作るスタイル　カットの組み立て

バックのウエイトの下が、急激にくびれていてえり足に長さのあるボブ。縦長感があり、前後にコントラストがあるので、シャープ、クール、ハードといった辛口のテイストが出しやすいスタイル。

NAPE SECTION
ネープセクション

UNDER SECTION BACK
アンダーセクション・バック

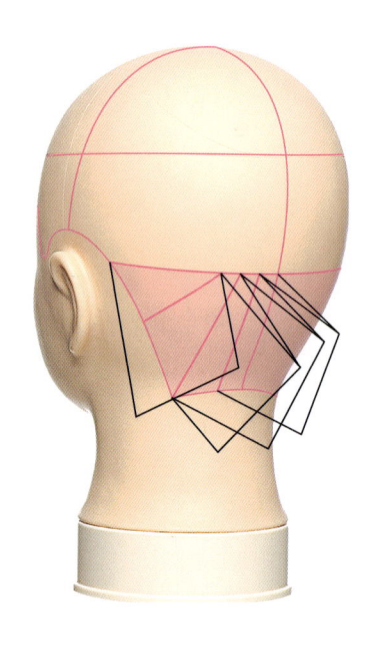

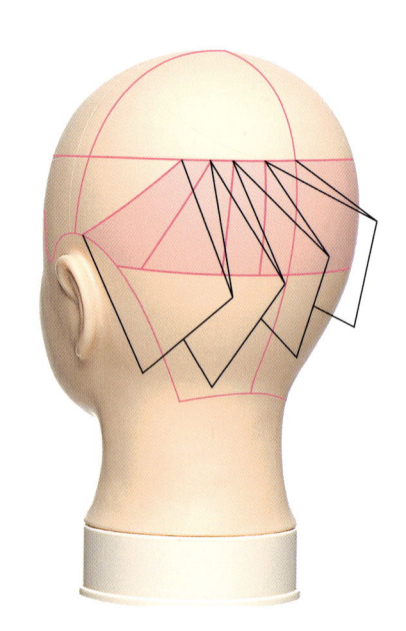

首に添って長さのあるえり足を作る

縦スライスでセイムレイヤー（S）をカットすると、首に添ってえぐれた形のフォルムができる。長さを残しつつ、毛先が薄くなるようにカット。Gと自然につなげるため、サイド近くはスライスを斜めにする。

ネープの延長でセイムレイヤーをカット

えぐれたネープの上に、丸みのあるフォルムを作る部分。ここも縦スライスで引き出し、セイムレイヤーを切る。サイドとの境目はつながりを考えて、スライスを横気味にとる。

UNDER SECTION SIDE
アンダーセクション・サイド

OVER SECTION
オーバーセクション

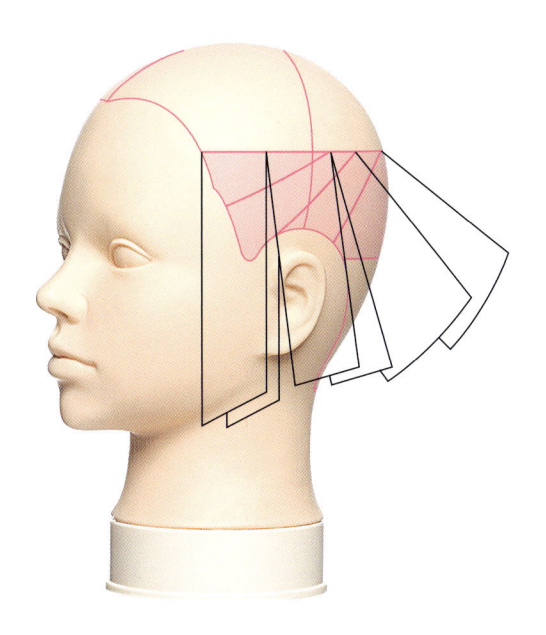

セイムレイヤーとグラデーションをつなげる

バックからの延長で切り始める。少しずつスライスを横にしていき、リフトも低くして、最終的にはグラデーション(G)に変化させて切り終える。

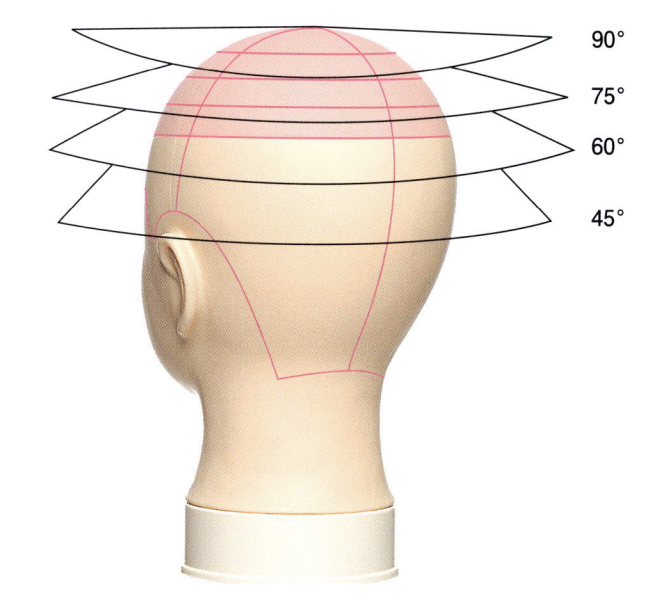

横スライス＋リフトでハイグラに

ここはボブらしい、スリークな表面を作る部分。横スライスで切るが、上に進むほどリフトアップしていき、最後は床と水平まで上げて切る。幅広の段差をつけてハイグラデーション(HG)を作る。

原型 I

HG+G ＋アンダーの後方Sで作るスタイル　カットのプロセス

NAPE SECTION ネープセクション

01 ネープからカット。正中線からオンベースに引き出してシェープに対して垂直に切る。

02 みつえりまで、斜めスライスをとり、後方にODしてカットする。

03 耳後ろはスライスを横に近づけ、リフトを低くし、後方に大きくODしてカット。

UNDER SECTION アンダーセクション

04 後頭部の正中線からオンベースにパネルを引き出し、シェープに垂直にカットする。

05 その次からみつえりの上まで、縦スライスを後方にODしてカットしていく。

06 耳際はスライスを斜めにして、リフトを低くし、後方にODしてカットする。

07 バックからつなげて、徐々にスライスを横にし、リフトも下げつつ、後方にODして切る。

08 耳上になったらリフトは15度まで低くする。横に近いスライスで、後方にODして切る。

OVER SECTION オーバーセクション

11 1段目を切る。バックのセンターから横スライスを45度のリフトで引き出してカット。

12 バック、サイドへ切り進む。横スライスを後方にODし、45度のリフトで切る。

13 フロント際はODしないで、45度のリフトで、前下がりの斜めのラインを切る。

14 2段目は60度のリフトで切る。

15 2段目からは、後方へのODは1段目より小さくする。

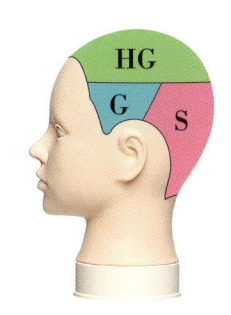

ネープセクション

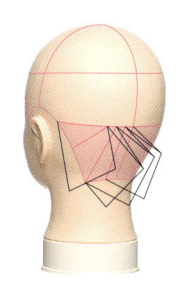

アンダーセクション

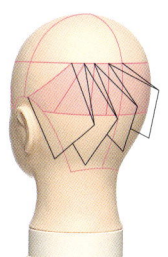

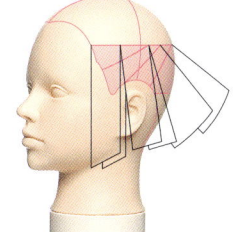

オーバーセクション

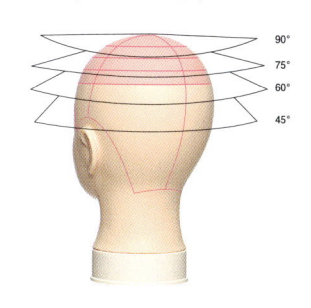

09 もみあげ部分はODしないでダウンシェープし、前下がりの斜めラインでカットする。

10 最後のスライス。もみあげより後ろはODして切り、もみあげはダウンシェープで切る。

16 3段目は75度のリフトで切る。

17 最上部となる4段目は90度のリフトで切る。大きくリフトアップして切ることで、ハイグラデーションを作る。

BANG バング

18 バングは三角ベースをとり2段に分けて、下を15度、上を45度のリフトでカットする。

VOLUME & TEXTURE 毛量調節・質感調節

19 前頭骨のゾーンに、インナーレイヤーで削ぎを入れて、毛量を減らす。

20 バックの毛先に質感を作る。サイドセニングで毛束の側面を削ぐ。

原型 I

HG+G ＋アンダー前方HGで作るスタイル

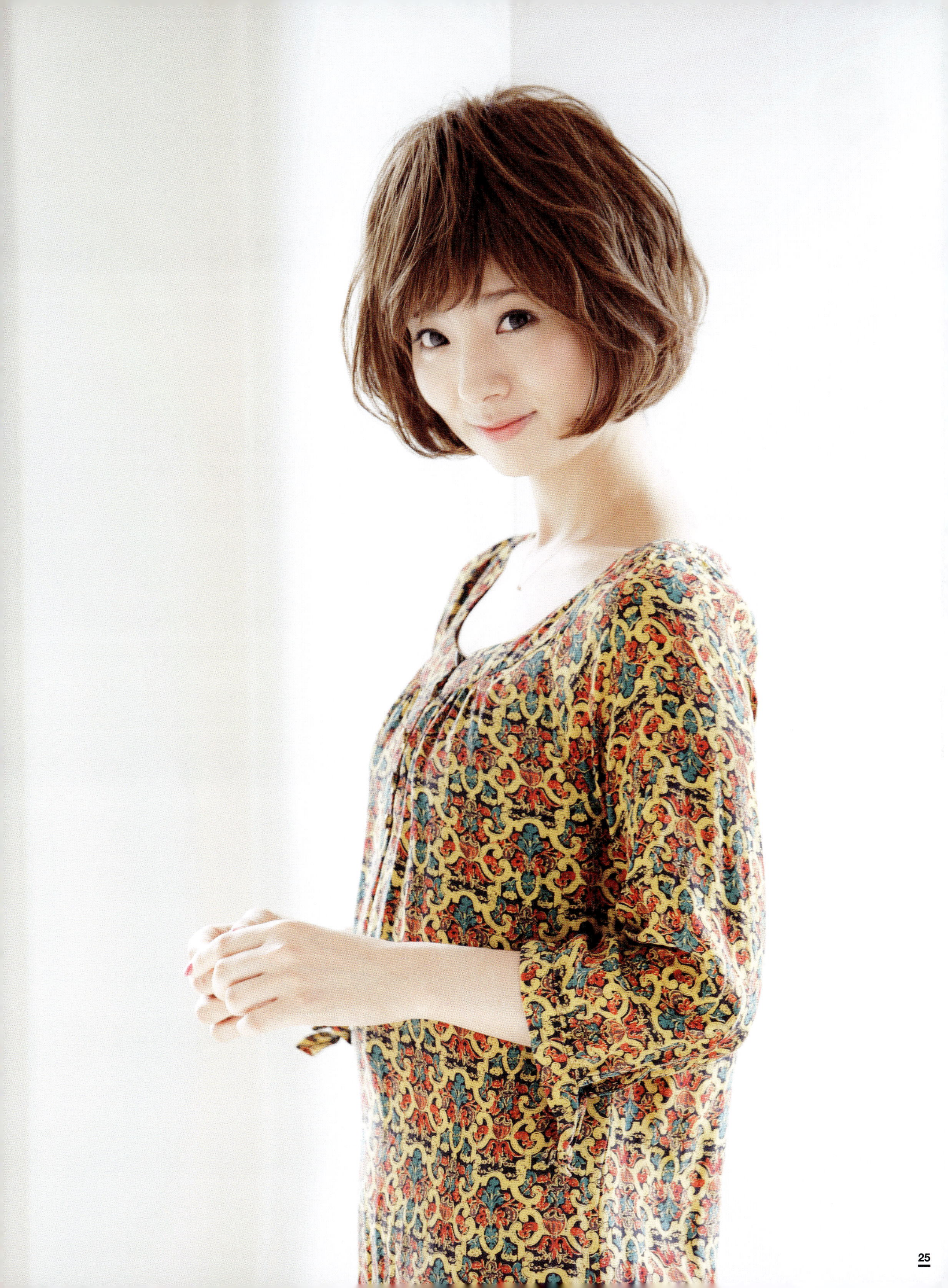

原型 I

HG+G ＋アンダー前方HGで作るスタイル　カットの組み立て

サイドや顔まわりの厚みが薄くなっているボブスタイル。そのため全体に重いボブとは違い、明るく軽やかな印象になっている。

UNDER SECTION BACK
アンダーセクション・バック

UNDER SECTION SIDE
アンダーセクション・サイド

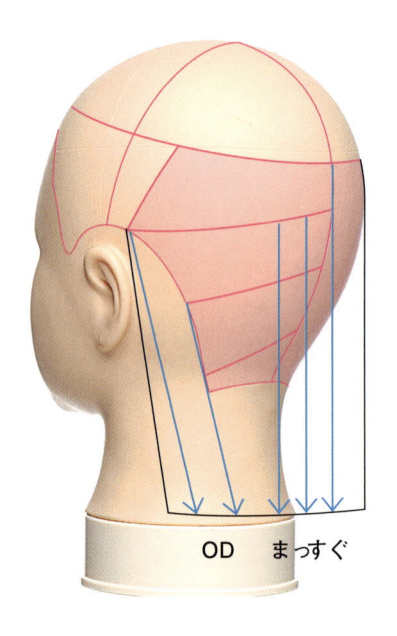

OD　まっすぐ

ワンレングスで土台を作る

サイドとバックのセクションは、斜めのラインで分ける。バックはほぼワンレングスにカット。みつえりより前の部分は、後方にODして切る。

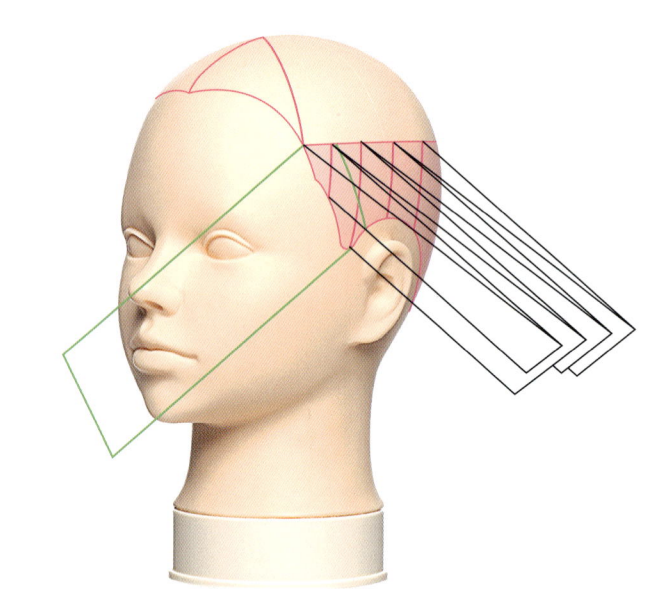

縦スライスでハイグラをカット

ここは軽さを表現する部分。横スライスで切ったバックに対して、サイドは縦にスライスをとり、幅の広い段差をつけてハイグラデーションにする。

OVER SECTION BACK
オーバーセクション・バック

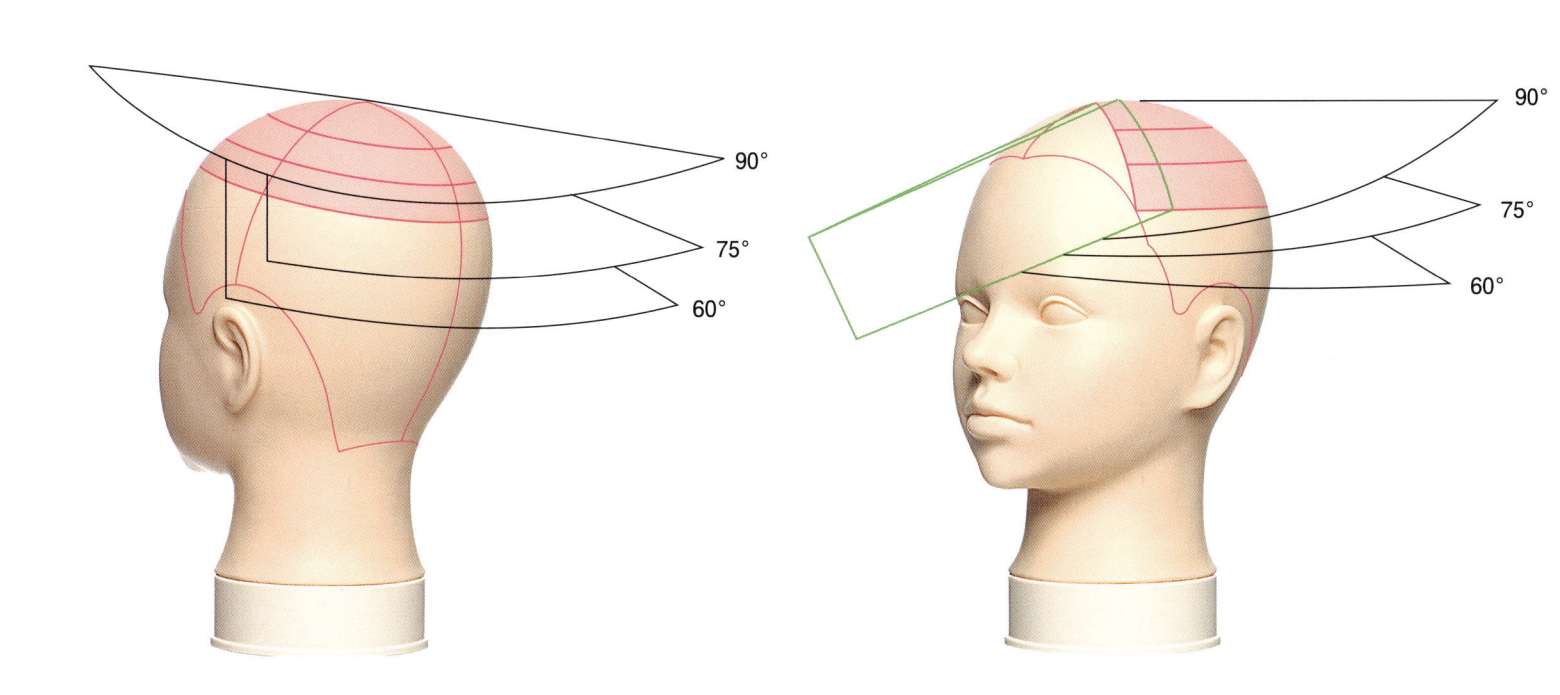

横スラ＋リフトでハイグラに

最初は低めのリフトでアンダーと段差をつなげる。上ほどリフトを高くして切り、幅の広い段差をつけてハイグラデーションにする。

OVER SECTION SIDE
オーバーセクション・サイド

フロントは柔かくぼかす

バックと同様、横スライスをリフトして切る。フロント際はそのままだとコーナーが目立つので、削ってソフト感を出す。

原型 I

HG+G +アンダー前方HGで作るスタイル　カットのプロセス

UNDER SECTION BACK　アンダーセクション・バック

01 ネープに斜めスライスをとり、真下にシェープして水平にカットする。

02 上へ切り進む。ネープのみつえりの部分までは真下に引いて水平にカットする。

03 耳後ろは後ろにODして、シェープに対して垂直なラインでカットする。

04 セクション最上段。みつえりの範囲までは下段同様に真下にシェープして平行なラインでカットする。

05 耳の後ろは後方に大きくODして、シェープと垂直にカットする。

UNDER SECTION SIDE　アンダーセクション・サイド

06 斜めスライスをとり、後方にODして45度のリフトでカットする。

07 後ろにODし、45度のリフトで切り進む。

08 最後まで同様にカットする。

09 フェースラインだけ前上がりのラインを作る。前方45度にODし、シェープに対して垂直にカットする。

13 2段目は75度のリフトで切る。

14 75度のリフトのまま、前方へ切り進む。やや後方にODしながら切っていく。

15 3段目は90度のリフトでカットする。

16 3段目は後方へのODを小さくして切る。フロントまで90度のリフトで同様にカットする。

17 フェースラインを75度のリフトで引き出し、斜めのラインで切る。後方の髪も同じ位置に引き出して合わせて切る。

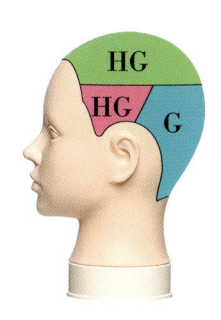

OVER SECTION オーバーセクション

10 1段目はバックから横スライスをとり、60度のリフトでカットする。

11 60度のリフトで前方へ切り進む。耳上付近は後ろにODしてカットする。

12 最後まで60度のリフトで後方にODしてカット。

BANG バング

18 三角ベースをとり、2段に分ける。上下段とも指1本分のリフトで水平なラインを切る。

VOLUME & TEXTURE 毛量調節・質感調節

19 オーバーセクションのもみあげの上から縦スライスを引き出し、インナーレイヤーでセニングを入れる。

20 トップから毛束を放射状に引き出し、サイドセニングを入れて毛束感をつくる。

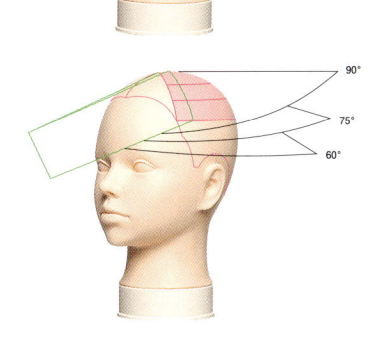

アンダーセクション・バック

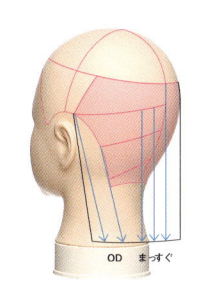

オーバーセクション・サイド

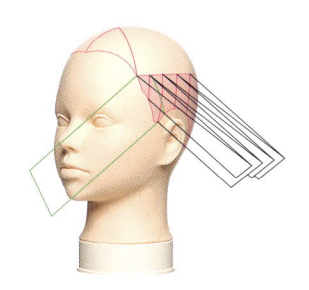

オーバーセクション

原型 I

HG+G ＋トップLで作るスタイル

31

原型 I

HG+G ＋トップLで作るスタイル　カットの組み立て

レイヤーカットの効果でトップに高さが生まれ、髪の動きが強調されている。重さと軽さのコントラストがあるので、ハード感・カジュアル・ポップといったテイストを出しやすい。

UNDER SECTION
アンダーセクション

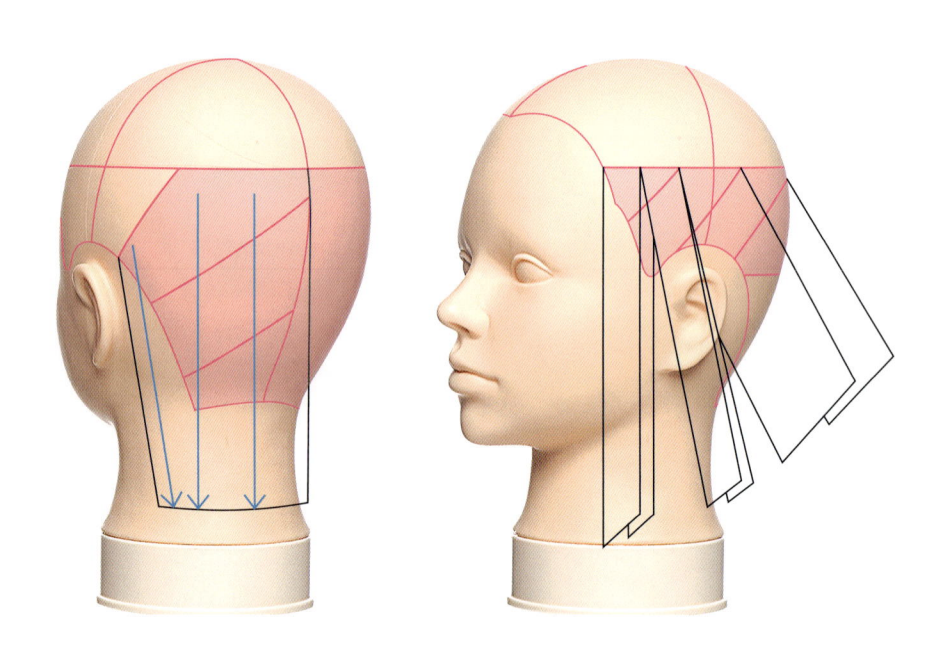

最下部は前下がりのグラデーションに

3層の一番下は、かなり重さのある土台を作る。横に近い斜めスライスをとり、バックサイドからサイドにかけては後方にODしてカット。前下がりのラインを作る。

OVER SECTION
オーバーセクション

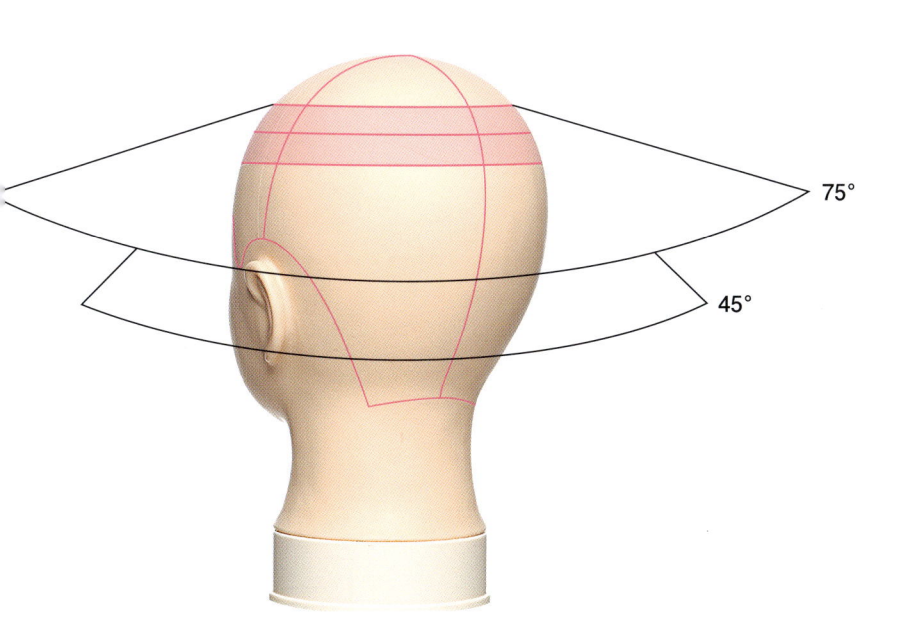

リフトして切ってハイグラを作る

ここも横スライスで切るグラデーションだけれど、かなりリフトを上げて切り、幅広めの段差をつけてハイグラデーションにしていく。この部分によってフォルムに丸みが生まれる。

TOP SECTION
トップセクション

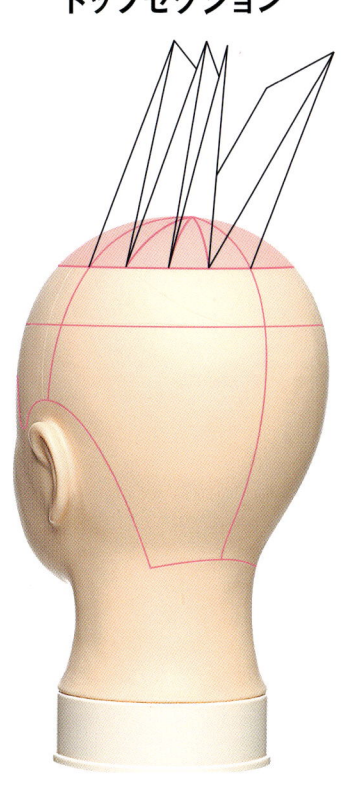

レイヤーで動きを表現する

スタイルの表面で動きを表現する部分。放射状スライスをリフトアップして斜めのラインで切り、表面に短い髪を作っていく。

原型 I

HG+G ＋トップLで作るスタイル　カットのプロセス

UNDER SECTION　アンダーセクション

01 ネープに斜めスライスをとり、ダウンシェープして指1本のリフトで水平なラインを切る。

02 上へ切り進む。耳後ろを切る際には、パネルをやや後ろにODしてカットする。

03 みつえりから後ろは、ダウンシェープして指1本のリフトで水平にカットする。

04 みつえりより前は、前方に近づくにつれ、後方へのODを大きくして切る。

05 耳上は髪が浮いてラインに穴が空きやすいので、長さを残すため大きく後方へODして切る。

OVER SECTION　オーバーセクション

08 バックのセンターから、45度リフトして、アンダーセクションをガイドにカットする。

09 バックからサイドを、45度のリフトで、後方にODしながら切り進む。

10 フロント際はリフトを少し下げ、ODせずに、前下がりのラインをカットする。

11 2段目は、75度のリフトでカット。バックからサイドへ、後方にODして切り進む。

12 1段目同様、フロント際はリフトを少し下げ、ODせずに、前下がりのラインを切る。

TOP SECTION　トップセクション

13 センターからオンベースにパネルを引き出し、レイヤーのラインでカットする。

14 つむじを中心に放射状にスライスをとる。耳後ろはパネルを少し後ろにODして切る。

15 耳後ろまで放射状スライスで切り、そこから先は縦スライスで、後方にODして切る。

16 サイドを切り進む。縦スライスをとり、後ろにODして、レイヤーカットする。

17 フェースライン際は長さを残すため、後方に大きくODして、レイヤーカットする。

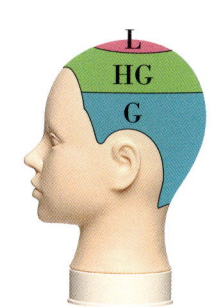

06
もみあげのある部分はダウンシェープし、前下がりのラインを切る。

07
最後のスライスも、もみあげより後ろは後方にODして切り、もみあげ部分はダウンシェープして前下がりのラインを切る。

アンダーセクション

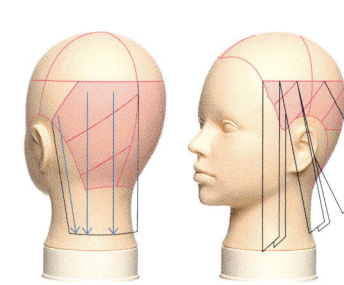

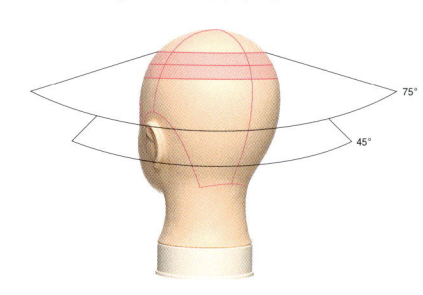

オーバーセクション

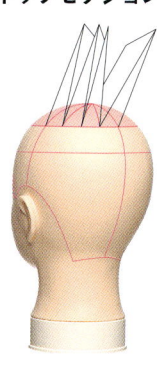

トップセクション

BANG バング

18
バングの三角ベースを2段に分ける。下は指1本(15度)、上は30度のリフトで切る。

VOLUME&TEXTURE 毛量調節・質感調節

19
トップに削ぎを入れる。サイドセニングで毛束の側面を削り、質感を作る。

20
ネープ全体にインナーグラで削ぎを入れ、毛量を減らしてフォルムを締める。

35

原型 I

HG+G ＋フロントトップSで作るスタイル

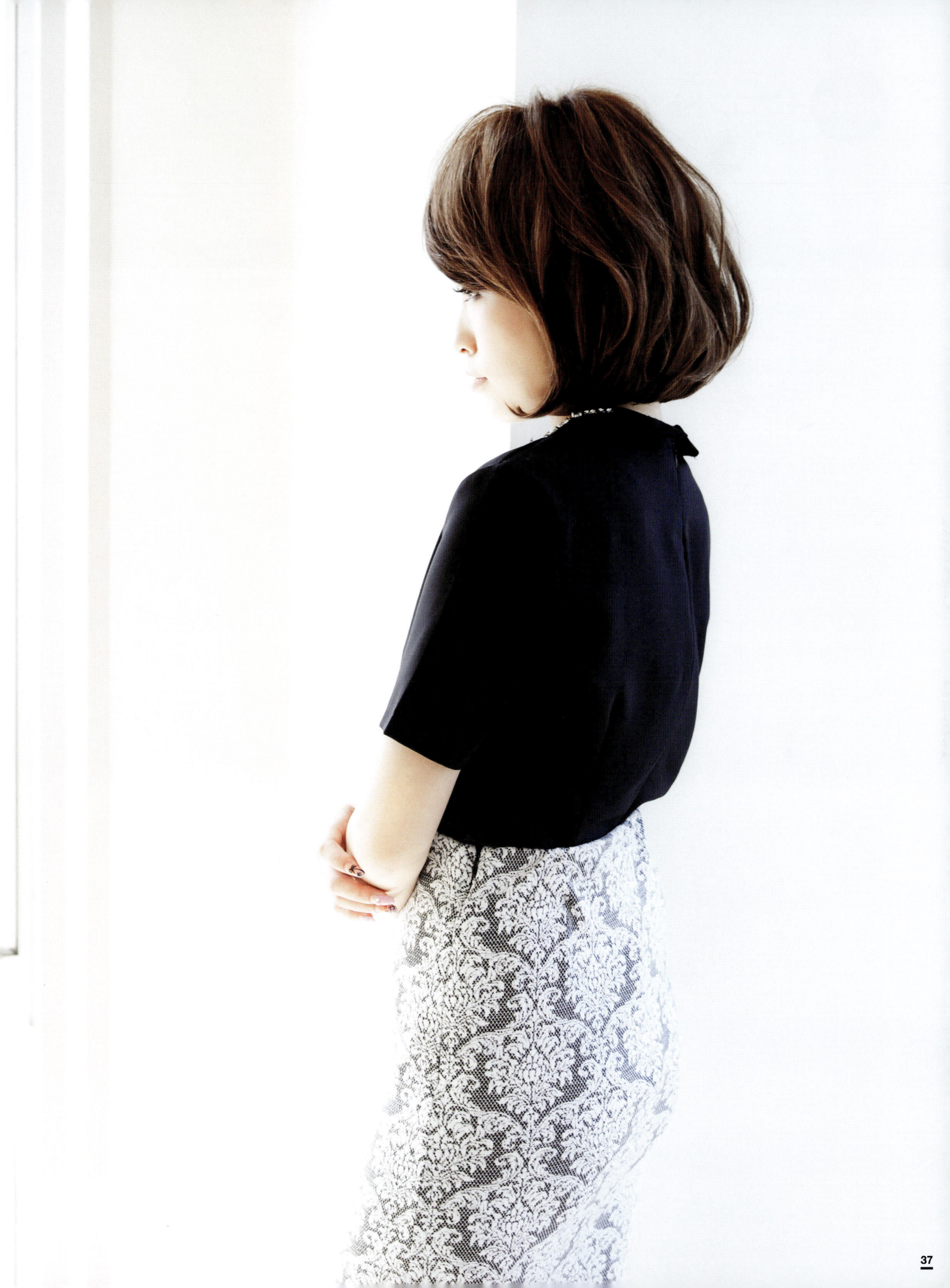

原型 I

HG+G ＋フロントトップSで作るスタイル　カットの組み立て

正面はフロント上部だけが軽くなり、すそには厚みが残っている。前髪が長いけれどセイムレイヤーの効果で重過ぎず、すっきりした明るい印象。バックやサイドにはボブらしいフォルムが残っている。

UNDER SECTION
アンダーセクション

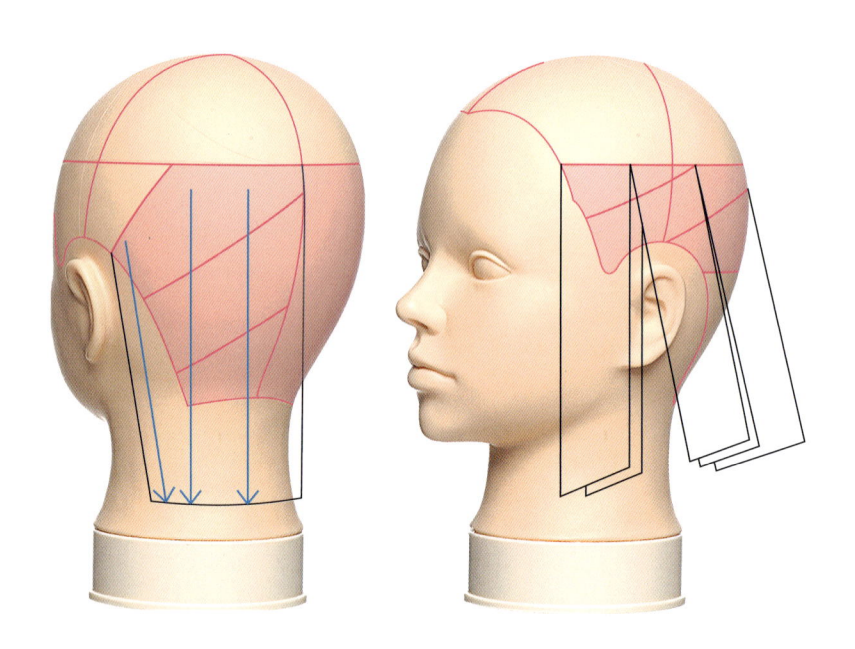

前下がりのワンレングスを切って、ボブの土台を作る

ここはシンプルにワンレングスをカット。サイドからフロントにかけては前下がりのラインができるように切っていく。

OVER SECTION
オーバーセクション

横スライス+リフトでハイグラに

横スライスでカットするが、少しずつリフトアップしていき、最後は床と水平までパネルを上げて切る。やや幅の広い段差をつけて、ハイグラデーションにしていく。

FRONT TOP SECTION
フロントトップセクション

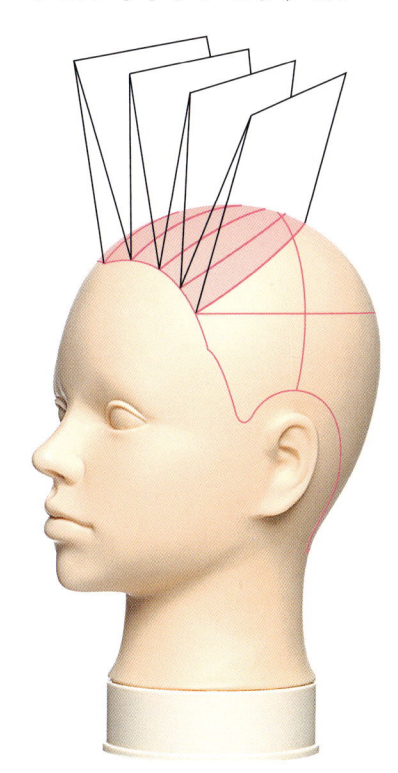

セイムレイヤーにカット

ヘアスタイル正面の上部に軽さを出す部分。放射状にスライスをとって、オンベースで引き上げセイムレイヤーをカットしていく。

原型 I

HG+G +フロントトップSで作るスタイル　カットのプロセス

UNDER SECTION　アンダーセクション

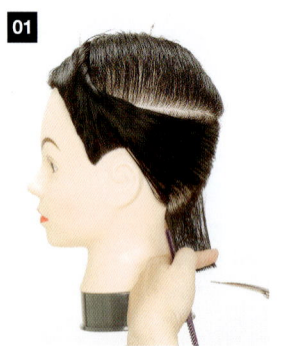

01 ネープに前下がりスライスをとり、ダウンシェープして、水平なラインをカットする。

02 上へ切り進む。耳後ろはパネルをやや後方にODしてカットする。

03 さらに切り進む。耳後ろ以外はダウンシェープしてカット。

04 耳に近い部分は、後方へのODを大きくしてカットする。

05 耳上は浮いて短く見えがちなので、最も大きく後方へODしてカットして長さを残す。

OVER SECTION　オーバーセクション

07 バックのセンターから横スライスを45度のリフトで引き出し、水平ラインでカットする。

08 横スライス、45度のリフトで、後方へODしながら、サイドへ切り進む。

09 フロント際はODしないで、前下がりのラインをカットする。

10 2段目は60度のリフトでカットする。

11 後方へODしながらサイドへ切り進む。フロント際はODしないで斜めラインで切る。

FRONT TOP SECTION　フロントトップセクション

15 セクションの端から、縦に近い斜めスライスをとり、オンベースに引き出してセイムレイヤーをカットする。

16 フェースラインまで同様に、オンベースで引き出して切る。後方にODしないように注意して、オンベースに引き出して切る。

17 セクションの奥を中心に放射状にスライスをとり、同様にオンベースでセイムレイヤーを切る。

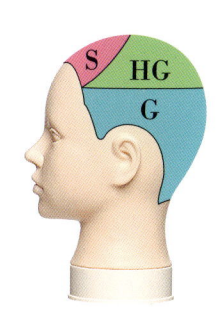

06

もみあげ部分はODせずダウンシェープして、前下がりのラインをカットする。

12

3段目は75度のリフトで、2段目同様にフロントまで切る。

13

4段目は90度のリフトで切っていく。

14

トップは後方へのODを小さくしてカットする。

VOLUME&TEXTURE 毛量調節・質感調節

18

フロントにサイドセニングを入れ、毛束の側面を削いで質感を作る。

19

バックのオーバーセクションから斜めスライスを引き出し、ポインティングで毛先を削ぐ。

アンダーセクション

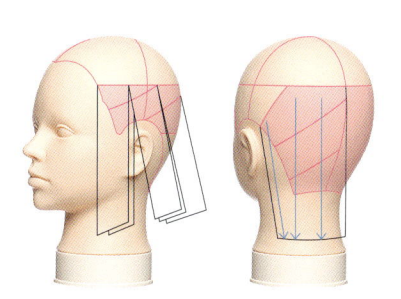

オーバーセクション

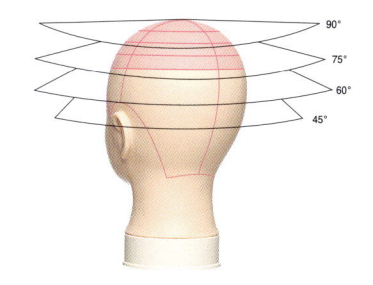

フロントトップセクション

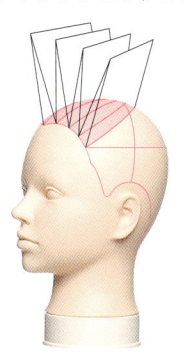

原型エ
HG+G ＋フロントSで作るスタイル

43

原型 I

HG+G ＋フロントSで作るスタイル　カットの組み立て

レイヤーカットの効果で、顔まわりはとても軽くて明るい印象。それ以外の部分には重さがあり横幅のあるフォルムなので、少女っぽいかわいらしい印象になっている。

UNDER SECTION
アンダーセクション

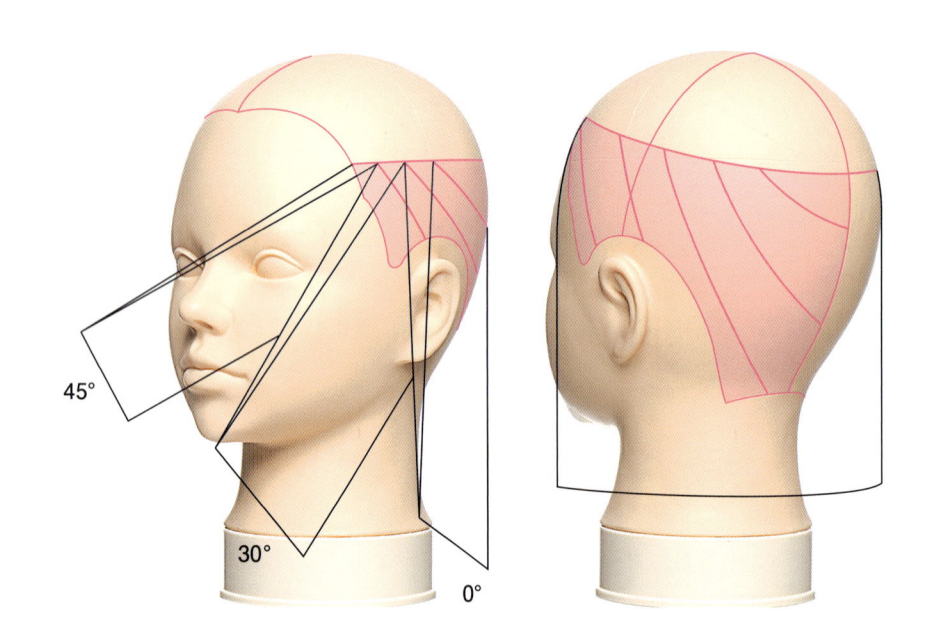

45°
30°
0°

セイムレイヤー→グラへ移行

軽さを出したいフロントから、セイムレイヤーで切り始める。スライスは斜めで、リフトしてカット。バックに近づいたらスライスを少しずつ横にしていき、リフトも下げてカットし、グラデーションに移行させていく。

OVER SECTION
オーバーセクション

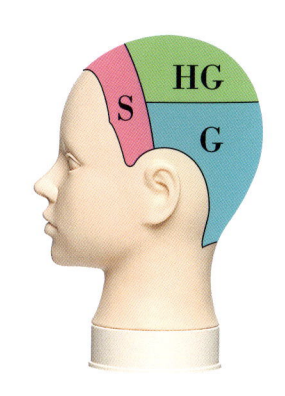

OVER SECTION TOP
オーバーセクション・トップ

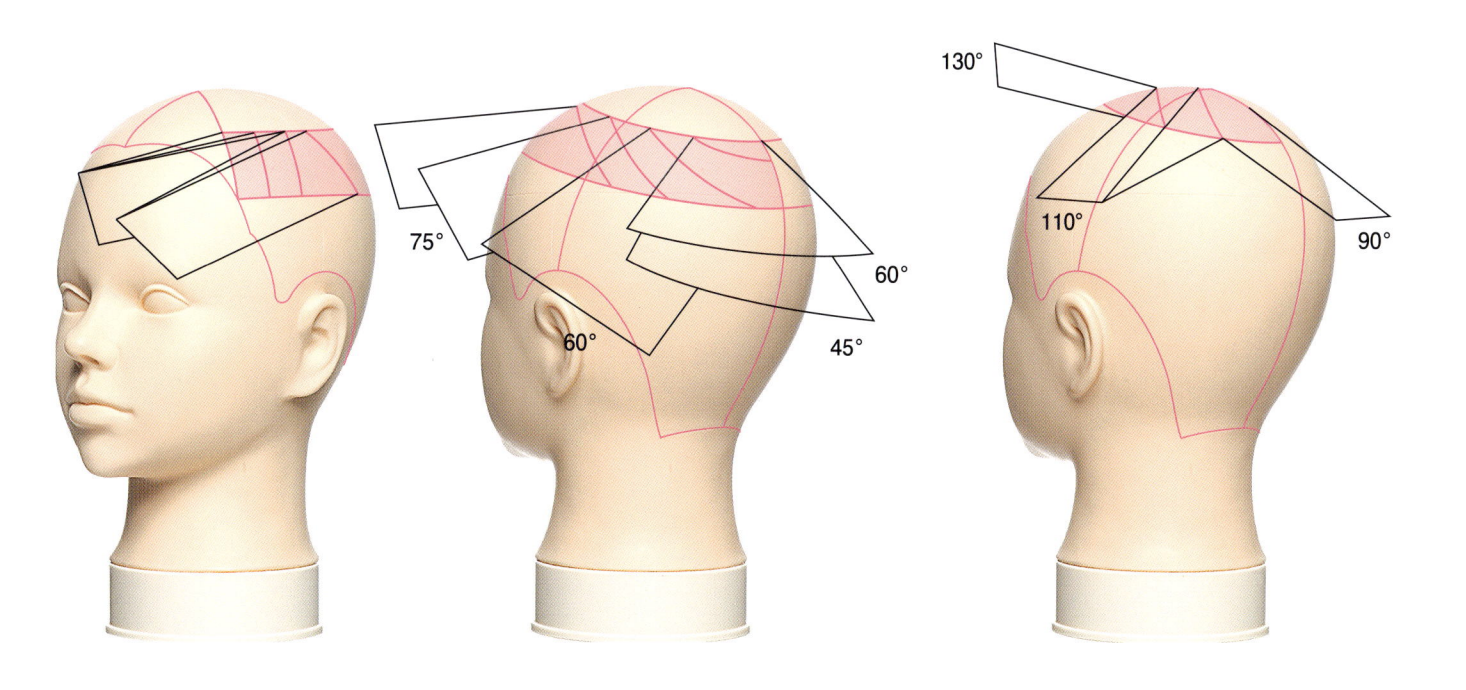

アンダー同様、S→HGの移行がポイント

ここもセイムレイヤーからハイグラへ変化させていく。スタートはフロントから縦スライスを高い位置に引き出してカット。少しずつスライスを横に近づけ、引き出す角度も下げていき、バックは横スライスで切り終える。

表面の髪をなじませる

セイムレイヤーとハイグラをなじませるために、表面の髪をリフトしてカット。フロント近くは大きくリフトし、サイドやバックはそれより低いリフトでカットする。

原型 I

HG+G +フロントSで作るスタイル　カットのプロセス

UNDER SECTION　アンダーセクション

01 アウトラインとなるワンレングスを最初に切る。まずバックをカット。

02 バック、サイドともダウンシェープして水平なラインでカットする。

03 アンダーセクションのフロントに斜めスライスをとり、45度前方にシェープして、スライスと平行なラインで切る。

04 第2スライスは3と同じ位置までシェープしてカット。

05 耳後ろはバックまで届く斜めスライスをとる。前方に引き出す角度を30度に下げてカットする。

OVER SECTION　オーバーセクション

08 バングにする部分をよけておく。斜めスライスを前方90度にODしてレイヤーカットする。

09 第2スライスも第1スライスと同じ位置まで引き出してカットする。

10 第3スライス以降は前方へのODを小さくしていく。

11 前に引き出すが、パネルを起こし気味にカット。

12 バックに近づくにつれ、引き出す角度を下げていく。ここは75度で引き出してカット。

OVER SECTION TOP　オーバーセクション・トップ

16 フロント際に斜めスライスをとり、130度リフトしてカットラインと平行にカットする。

17 次は110度リフトし、カットラインと平行にカットする。

18 最後の部分は90度のリフトで後方に引き出してカットする。

VOLUME&TEXTURE　毛量調節・質感調節

19 毛先に柔らかさを出す。ラインをぼかすようにポインティングを入れる。

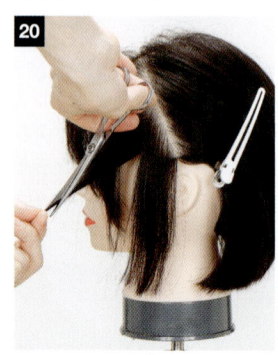

20 耳より前とトップのセクションの毛束感を強調する。引き出した毛束の後ろ側面を削ぐ。

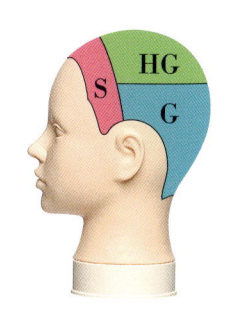

06  バックに近づくにつれ引き出す角度を下げていく。耳後ろからネープにかけては真下に引いて水平にカット。

07 セクションの最後まで、真下に引いて同じ位置でカットする。

13 次は60度に引き出してカットする。

14 バックは45度に引き出してカットする。カットラインは斜めから横へ変化させていく。

15 トップの下はトップとのつながりをよくするため、再びリフトを上げて60度でカットする。

アンダーセクション

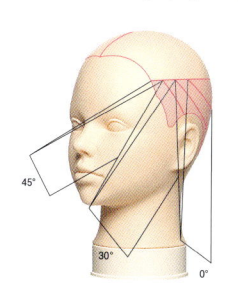

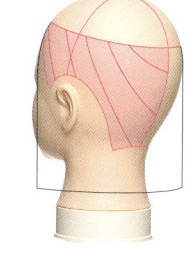

オーバーセクション

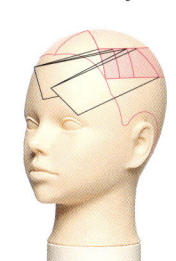

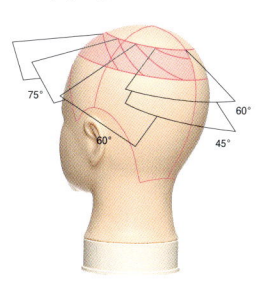

オーバーセクション・トップ

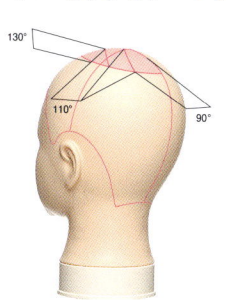

47

原型Ⅱ S+L からの展開

プラス1セクションの展開例①-⑥　このうち④⑤⑥については50ページ以降でカットを解説している。

❶ネープをHGに

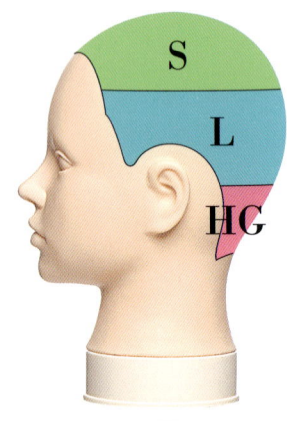

❷アンダー後方をGに

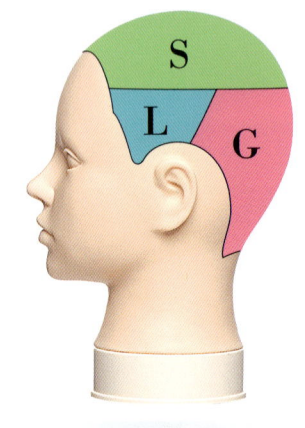

❸アンダー前方をHGに

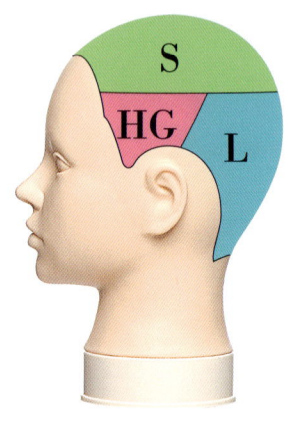

**えり足が詰まって
ショート感が出る**

バックの下部が小さく詰まることで、原型に比べて縦の距離感が小さくなり、全体にショートヘアっぽさが出てくる。ボーイッシュな印象が強まる。

**ボブに近い
イメージになる**

アンダー後方に大きな横幅と大きなウエイトが生まれ、ボブ感が強くなる。前方が軽く後方が重いバランスが、エレガント感を出している。

**正面にウエイト感が
出てくる**

前方の下部、鼻の高さに重さと厚みが出て、横幅とウエイト感が生まれる。前が重く後ろが軽いバランスになり、無造作な印象にクール感が加わる。

オーバーセクションがセイムレイヤー、アンダーがレイヤーの原型2セクション。全体に縦長感のあるフォルムの中に、アンダーにはくびれ、オーバーには丸みができている。このフォルムと動きによって、無造作感があり、アクティブで親しみやすい印象になる。メンズヘアにもよく活用される。

原型 II

S+L

❹ トップをLに

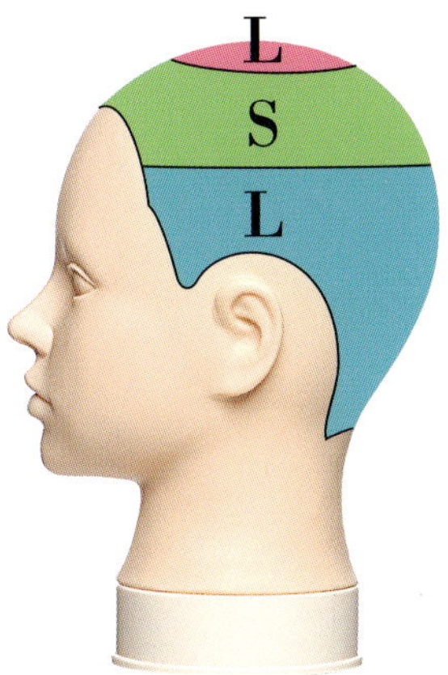

❺ フロントをHGに

❻ オーバー後方をHGに

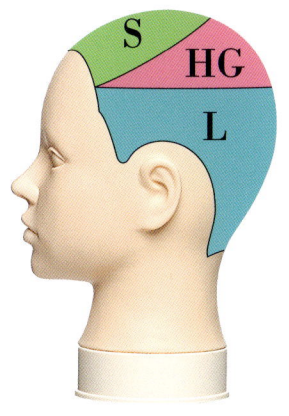

最も縦長感の強いフォルムに

上方に縦の距離感と動きが生まれ、オーバーセクションの重さが薄れる。全体に縦長感が出てきて、さっぱりした印象、快活なイメージになる。

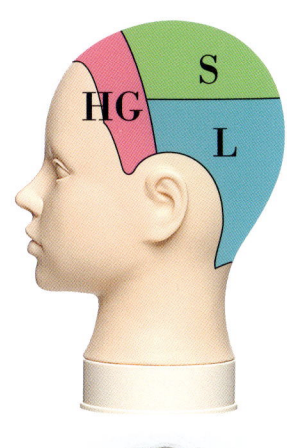

縦長フォルムで個性的なデザインに

顔周りの厚みと重さで横幅とウエイト感が生まれる。前方がヨコ、後方がタテのバランス感になり、ウエイト位置も後ろほど高くなる。個性的なおしゃれ感。

ウエイト感によりくびれが強調される

HGによって、バックの高い位置に横幅のあるステップ状のウエイトが生まれる。レイヤーの無造作感の中にクールな落ち着き感がプラスされる。

原型 II
S+L ＋トップLで作るスタイル

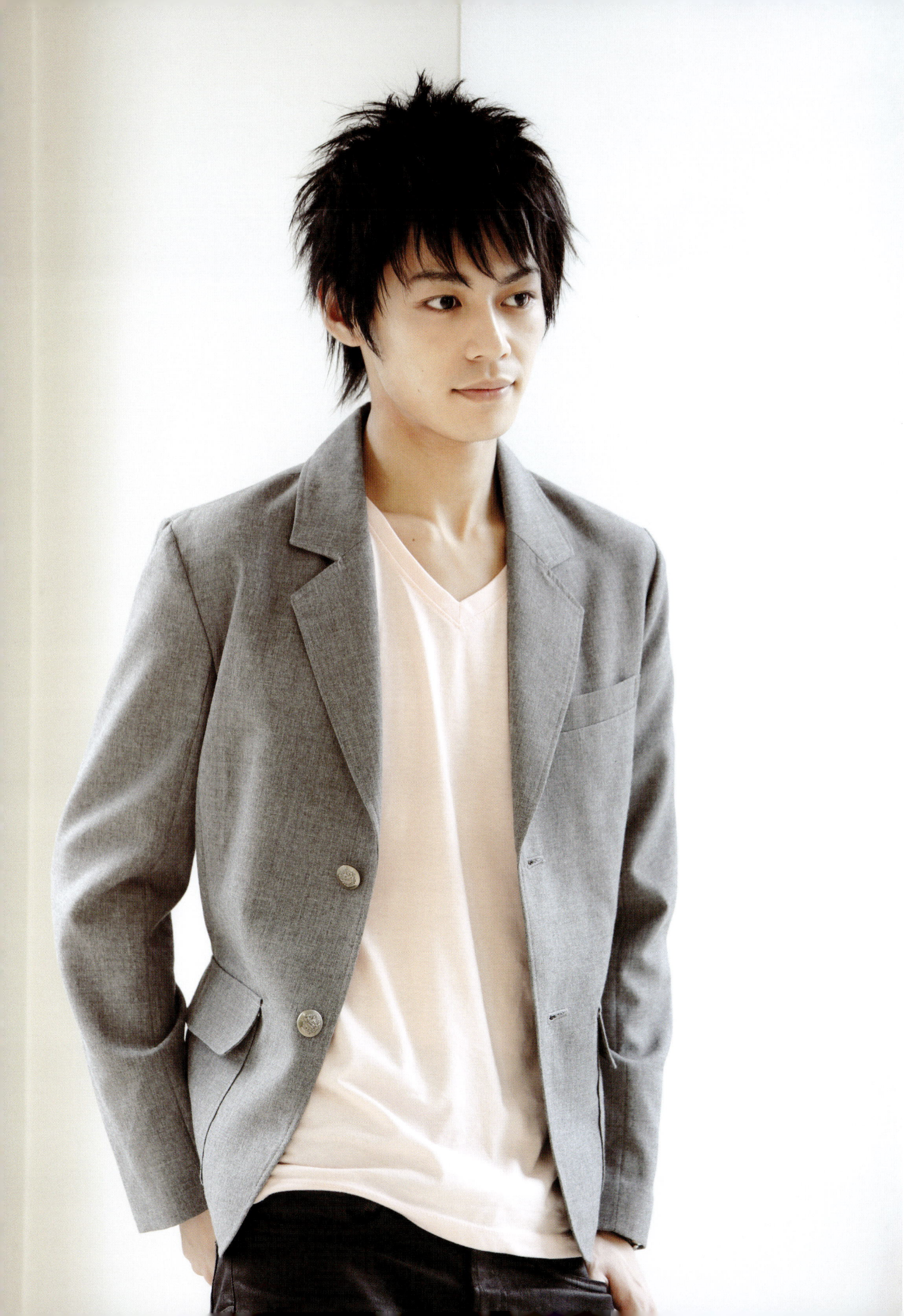

原型 Ⅱ

S+L ＋トップLで作るスタイル　カットの組み立て

縦長感のあるフォルムを活かして、メンズスタイルに活用した。レイヤーならではの軽さが、さっぱりと快活な印象を作ってくれる。動きの表現や毛束感という男性に好まれる要素も入っている。

UNDER SECTION NAPE
アンダーセクション・ネープ

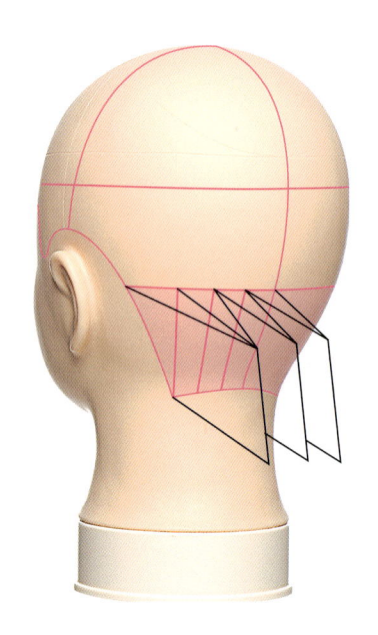

UNDER SECTION
アンダーセクション

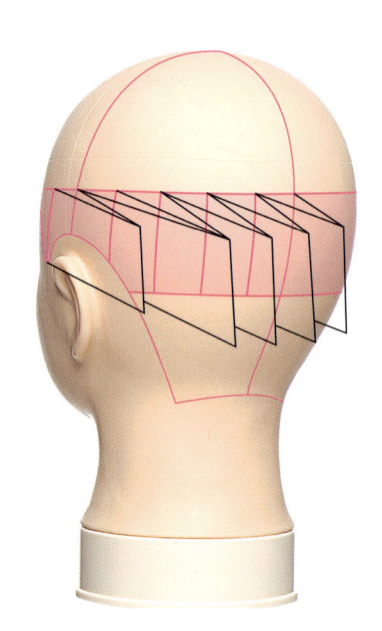

レイヤーでやや長めのえり足を作る

残したい長さを決めてレイヤーのラインでカット。レイヤーで切ることでフォルムにくびれができる。セクションの一番端、耳後ろは長さを残すために大きめに後方にODして切る。

後方に引いて切るレイヤーで前下がりに

ネープにつなげてレイヤーのラインでカット。バックからフロントまで後方にODして切り、前下がりのラインを作る。顔まわりだけは、最後に前方にODして切り直し、短く作る。

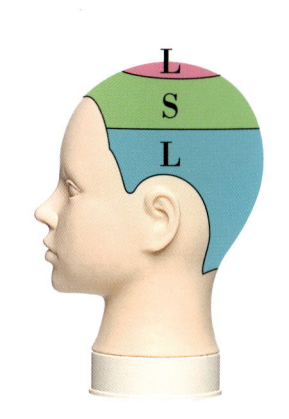

OVER SECTION
オーバーセクション

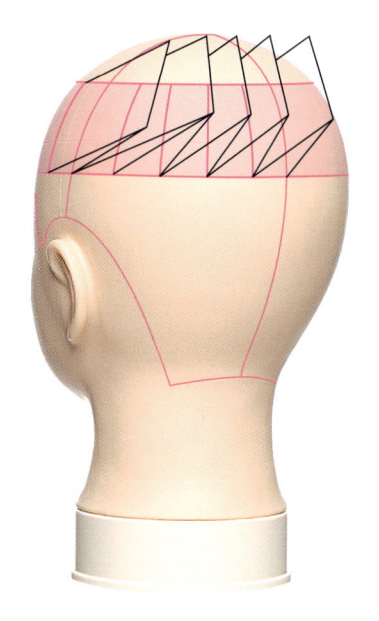

TOP SECTION
トップセクション

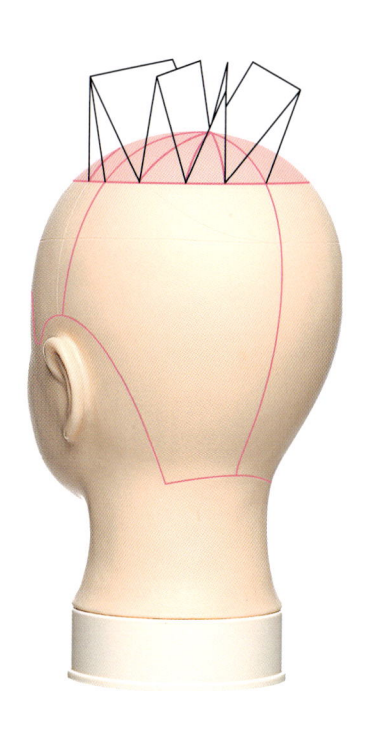

セイムレイヤーでフォルムに丸みを作る

ここはカットのラインをセイムレイヤーにチェンジ。ここで切った髪が下に落ちると、ある程度の重さを持った、丸みのあるフォルムを作ってくれる。

再びレイヤーでカット

トップをセイムレイヤーではなくレイヤーで切ることで、フォルムにより縦長感が出る。髪が短くなるので、根元から立たせるスタイリングもしやすくなる。カット時のレイヤーのラインは、どれくらいの長さを残したいかによって決める。

原型 II

S+L ＋トップLで作るスタイル　カットのプロセス

UNDER SECTION NAPE　アンダーセクション・ネープ

01 ネープの正中線からオンベースにパネルを引き出し、レイヤーカット。

02 次から1スライス分後方にODして1をガイドにレイヤーカット。みつえり部分はODを控えめに。

03 耳後ろは長さを残すために、大きくODしてカットする。

UNDER SECTION　アンダーセクション

04 ネープ上をカット。正中線からオンベースにパネルを引き出し、ネープとつなげてレイヤーカットする。

05 前下がり気味の縦スライスをとり、1スライス分後方にODして、4をガイドにレイヤーカット。

06 耳後ろのスライスは、大きくODしてカットし、長さを残す。

07 サイドを1スライス分ODして切り進む。

08 最後まで同様にレイヤーでカットする。

OVER SECTION　オーバーセクション

11 正中線からオンベースに引き出し、アンダーとつなげてセイムレイヤーをカットする。

12 後方にODして切り進む。耳後ろのスライスは特に大きくODしてカットし、長さを残す。

13 1スライス分後方にODしながらセイムレイヤーをカットしていく。

14 フロント際はパネルを前方にODし、セイムレイヤーをカット。

TOP SECTION

15 正中線からオンベースでパネルを引き出し、レイヤーのラインでカットする。

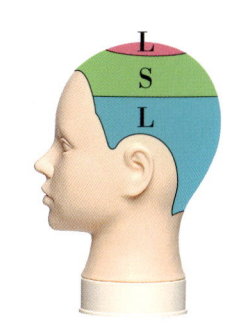

アンダーセクション・ネープ 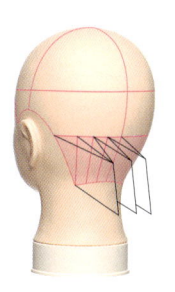　　アンダーセクション 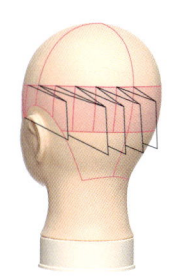　　オーバーセクション 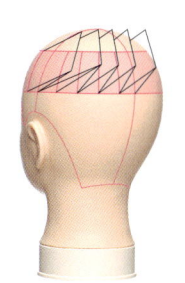　　トップセクション

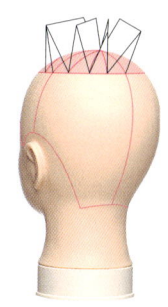

BANG バング

09 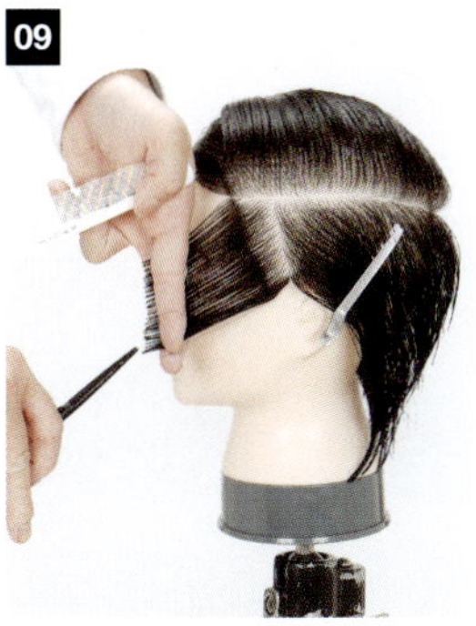 フロントを切り直す。前上がり気味の縦スライスをとり、前方にODして引き出し、レイヤーカットする。

10 9で切った位置まで届く範囲を前方に引き出し、9のカットラインに合わせて切る。

18 バングは三角ベースをとり2段に分け、こめかみの長さをガイドに90度のリフトでそれぞれ切る。

19 バングの三角ベースとトップセクションの間からスライスをとり、残っているカドを落とす。

トップセクション

VOLUME & TEXTURE 毛量調節・質感調節

16 耳後ろまで、つむじを中心に放射状にスライスをとり、オンベースに引き出して切り進む。

17 耳より前は縦にスライスをとり、1スライス分後方にODしてレイヤーカットしていく。

20 前頭骨のゾーンからパネルを引き出し、インナーレイヤーで削いで毛量を減らす。

21 オーバーセクション全体に削ぎを入れて質感をつくる。毛束を引き出し、側面を削って細くする。

原型Ⅱ

S+L ＋フロントHGで作るスタイル

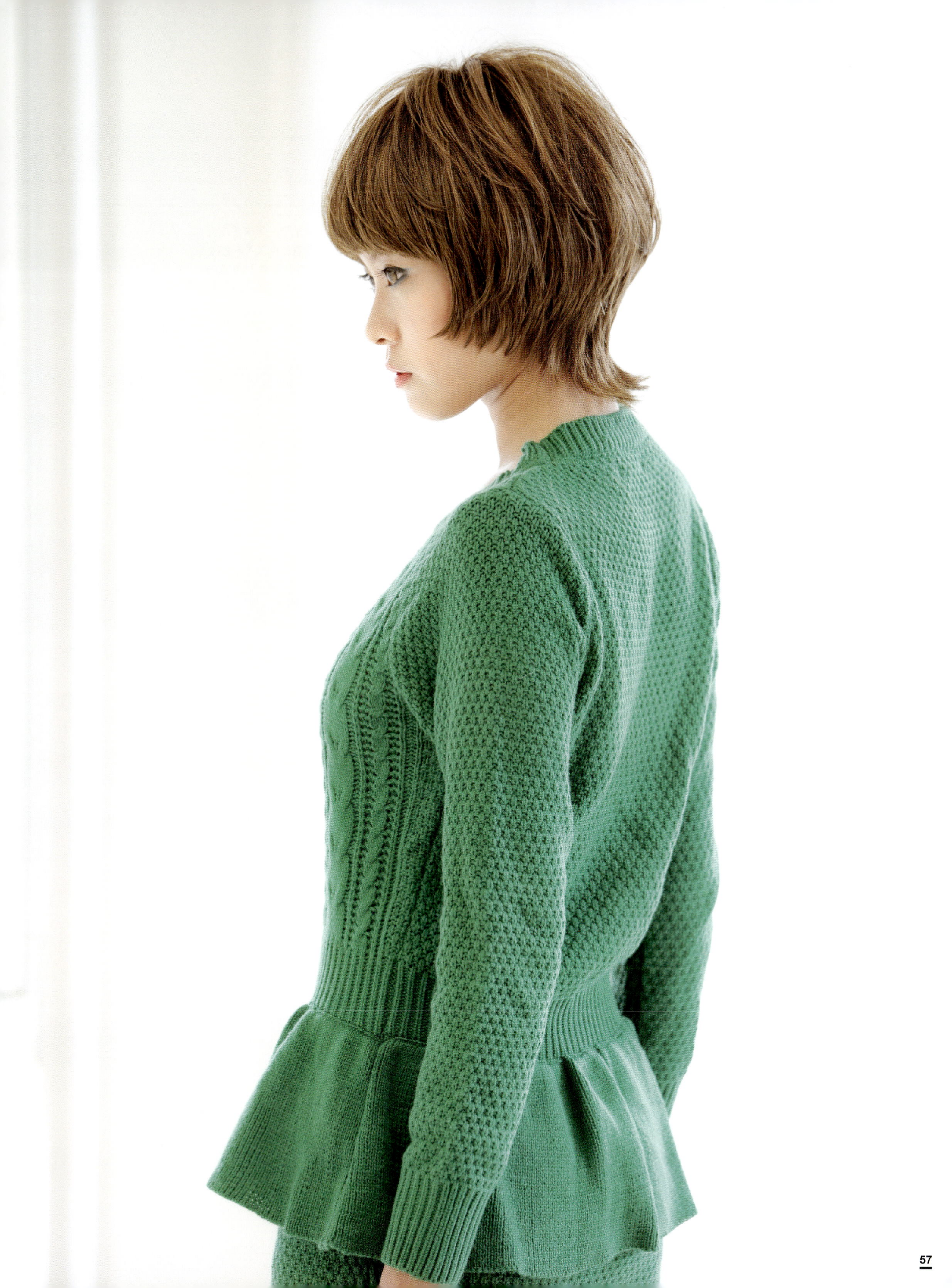

原型 Ⅱ

S+L ＋フロントHGで作るスタイル　カットの組み立て

本来細長さのあるレイヤースタイルだが、顔まわりだけ横幅とウエイト感を出したスタイル。前方の重さと後方の軽さのコントラストが個性的。顔まわりをマッシュルーム風にして、ポップでキュートなテイストに仕上げた。

UNDER SECTION SIDE
アンダーセクション・サイド

UNDER SECTION BACK
アンダーセクション・バック

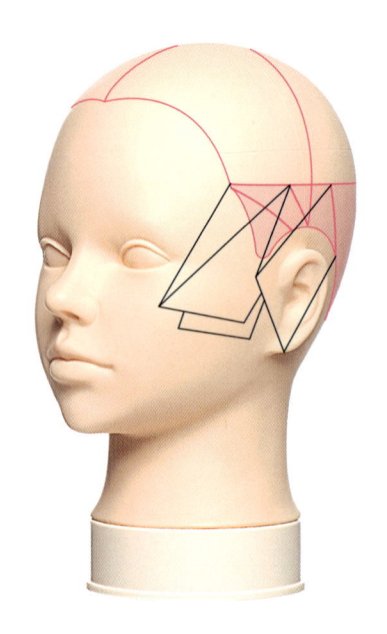

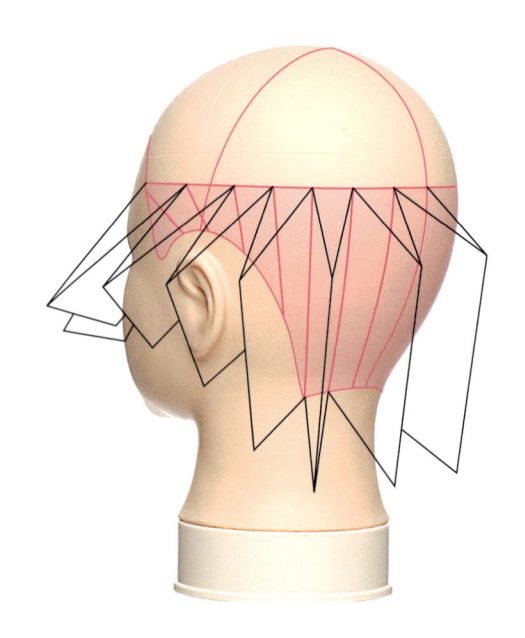

まずはハイグラデーションを切る

顔まわりにボブっぽい厚みを作る部分。フロント際から、横に近い斜めスライスをとり、ハイグラデーションを切る。サイドに近づくにつれ、少しずつスライスを縦にしていく。

ハイグラからレイヤーへ移行する

前方のボブのフォルムを少しずつ薄くしていき、後方にくびれのあるレイヤーのフォルムを作る。サイドでは斜めだったスライスを縦に近づけていき、バックのセンターでは正中線と平行な縦スライスにして切る。

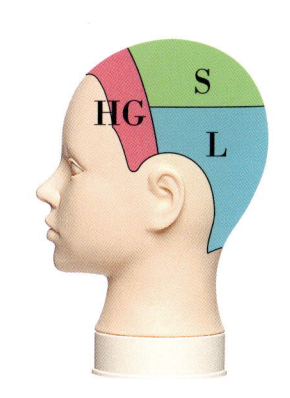

OVER SECTION
オーバーセクション

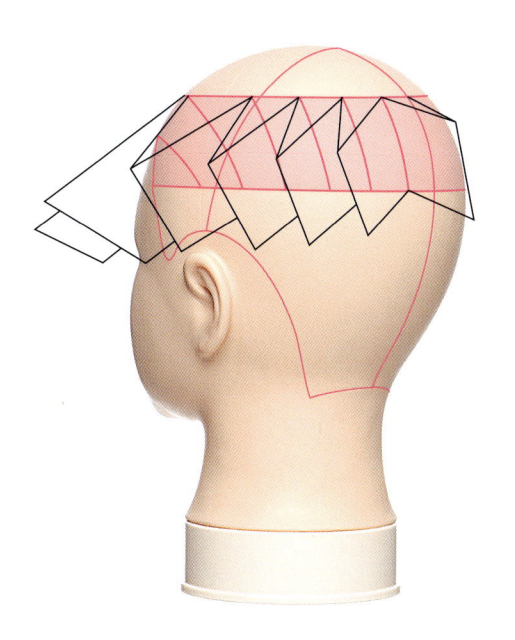

ハイグラをセイムレイヤーに移行

アンダーセクション同様にフロントのハイグラからカットをスタート。サイドから後ろはカットのラインをハイグラからセイムレイヤーに近づけて切る。バックにはセイムレイヤー特有の丸いフォルムができる。

OVER SECTION TOP
オーバーセクション・トップ

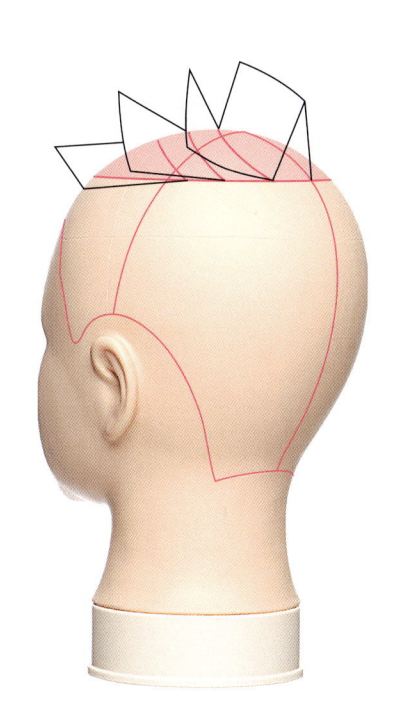

表面のハイグラとセイムレイヤーを自然につなぐ

トップはセイムレイヤーで切る。フロント近くはリフト低め、バックに近づくほどリフトを高くしてカットし、フロントのハイグラとそれ以外のサイド、バックのセイムレイヤーをなじませる。髪に動きも表現しやすい。

原型 Ⅱ

S+L ＋フロントHGで作るスタイル　カットのプロセス

UNDER SECTION　アンダーセクション

01 もみあげ部分からスタート。斜めスライスをとり前方にODしてリフト30度で斜めのラインを切る。

02 次はこめかみから耳上に斜めスライスをとり前方にODしてリフト45度で斜めのラインを切る。

03 徐々にスライスを縦に、ODを小さくしていく。耳上から耳後ろはリフト45度でカットする。

04 耳後ろからはさらにスライスを縦に近づけ、ODも小さくし、リフト50度でカット。HGからLに移行していく。

05 同じスライスのネープ部分はリフト45度でカット。

OVER SECTION　オーバーセクション

09 フロントは斜めスライスをリフト60度で前方にODして引き出し、グラデーションでカットする。

10 斜めスライス、リフト75度でサイドを切り進み、HGからSのカットに近づけていく。

11 耳前からSのカットに移行。スライスを縦に近づけ、リフト75度で切る。ODは小さくしていく。

12 耳上は縦スライスでリフト90度で引き出してセイムレイヤーでカット。

13 バックサイドは縦スライスでリフト90度でカット。ODはさらに小さくしていく。

OVER SECTION TOP　オーバーセクション・トップ

15 フロントから横に近い斜めスライスをとり、リフト90度で引き出してセイムレイヤーを切る。

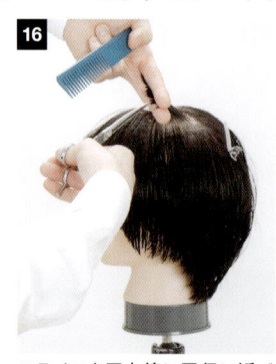

16 スライスを正中線に平行に近づけていき、リフト100度で引き出してカットする。

17 正中線はリフト130度で引き出してセイムレイヤーを切る。

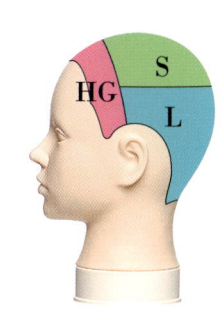

06
バックセンターに近づくにつれスライスはさらに縦になり、Lに移行する。リフト60度でカット。 

07
同じスライスのネープ部分はリフト45度でカット。

08
セクション最後のスライス、バックのセンター。上部を60度、ネープをリフト45度でカットする。

14
正中線はリフト90度で引き出してカットする。

VOLUME & TEXTURE 毛量調節・質感調節

18
もみあげ部分の毛量を減らす。縦スライスを引き出し、グラのラインでインナーセニングを入れる。

19
オーバーセクションのバックを中心に、毛束の側面を削って細くし、質感をつくる。

アンダーセクション

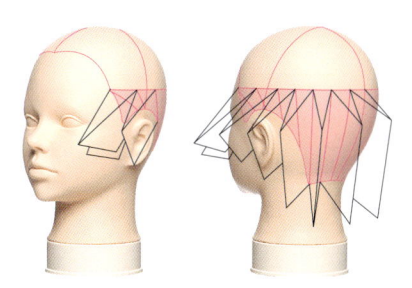

オーバーセクション

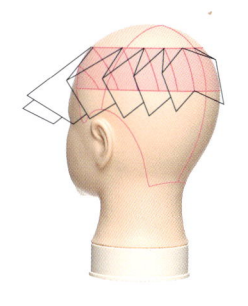

オーバーセクション・トップ

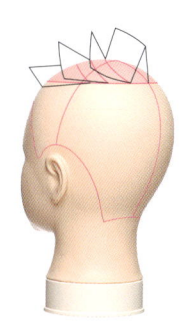

原型Ⅱ **S+L** ＋オーバーの後方HGで作るスタイル

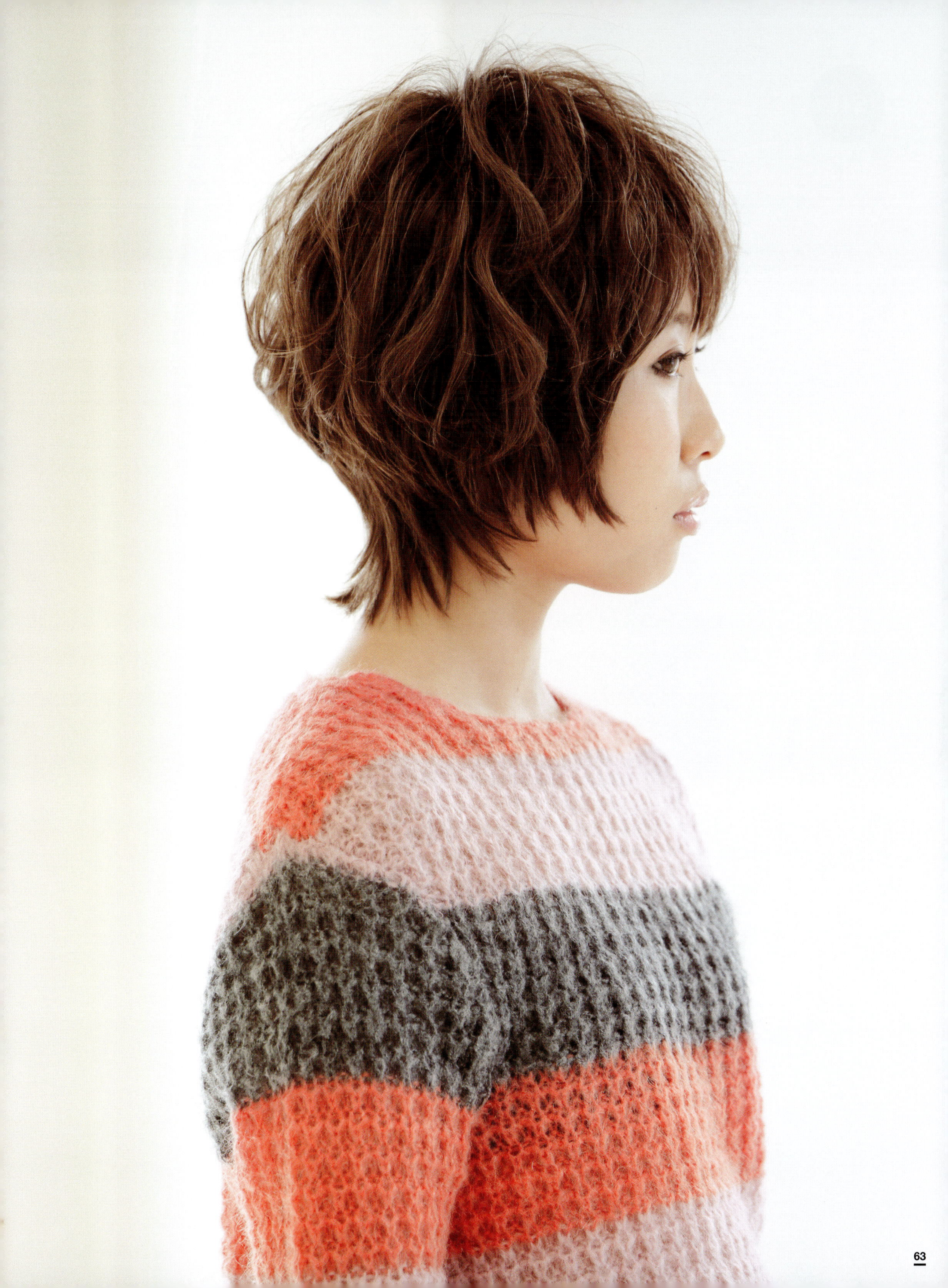

原型Ⅱ

S+L ＋オーバーの後方HGで作るスタイル　カットの組み立て

バックの高い位置にウエイトを作り、ポイントにしたスタイル。レイヤースタイル特有の無造作感の中に一か所重みを出したことで、落ち着いた印象を出す効果がある。

UNDER SECTION
アンダーセクション

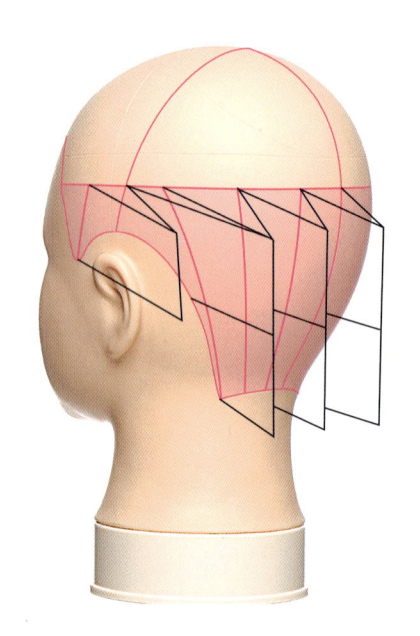

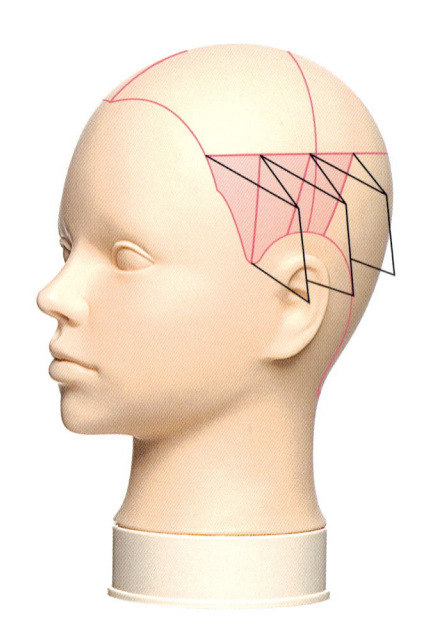

首に添う、えぐれたラインのフォルムを作る

縦スライスをとり、レイヤーカットで幅広の段差をつけることで、頭から首にかけてフィットする形を作る。カットの際は後方にODして切ることで、前方ほど長さを残し、前下がりのラインに仕上げる。

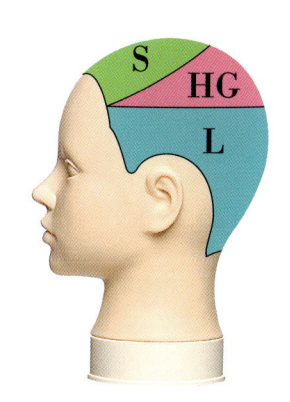

OVER SECTION BACK
オーバーセクション・バック

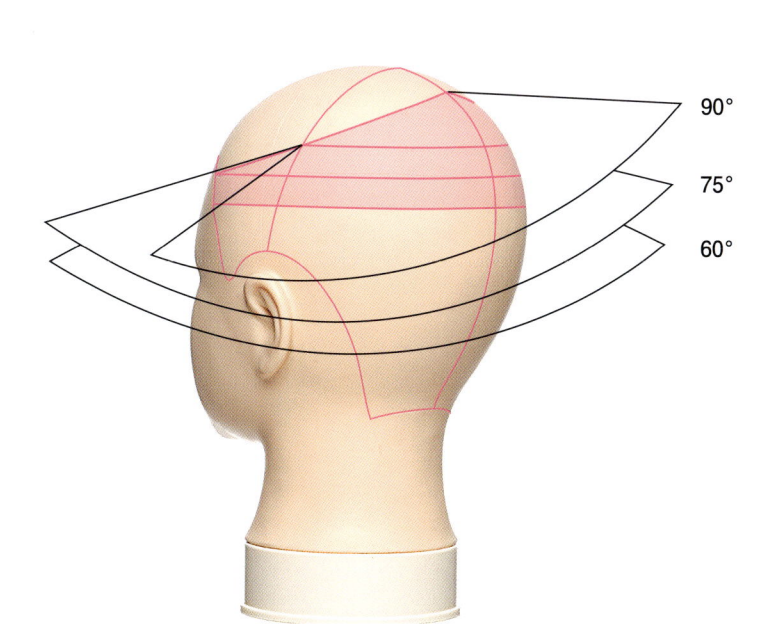

90°
75°
60°

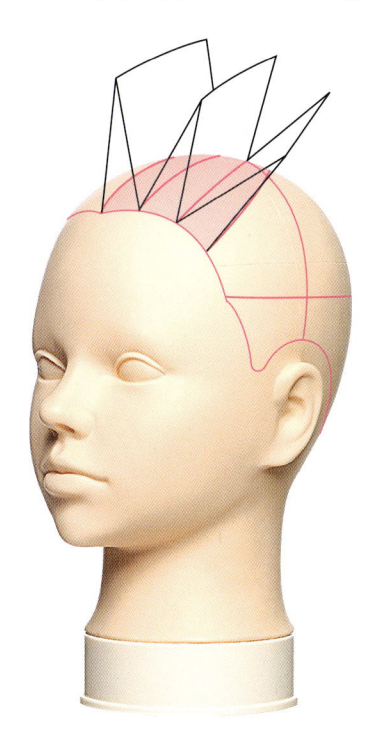

1セクションだけグラを入れて重さを作る

バックのフォルムにウエイト感を出すのがこのセクションの役割。セクションはバックを広く、サイドは少しずつ狭くなるように分け取る。横スライスをリフトアップして切り、広い幅の段差をつけて、ハイグラにする。

OVER SECTION FRONT TOP
オーバーセクション・フロントトップ

Sで顔まわりに軽さを出す

オーバーセクションのうちこの部分だけは、原型通りにセイムレイヤーでカットする。ここは顔まわりからサイドに落ちる髪なので、セイムレイヤーで切ることで軽さが表現される。カットは放射状にスライスをとり、それぞれオンベースで引き上げ、全体を同じ長さに切る。

原型 Ⅱ

S+L ＋オーバーの後方HGで作るスタイル　カットの組み立て

UNDER SECTION　アンダーセクション

01 ネープの正中線からオンベースでパネルを引き出しレイヤーカット。これをガイドに切り進む。

02 パネルをやや後方にODしてレイヤーカットしていく。

03 耳後ろは短くならないように、ODを大きくしてカットする。

04 上段は後方にODしながら、ネープとつなげてレイヤーカットしていく。

05 ネープ同様、耳後ろは短くならないように、ODを大きくしてカットする。

OVER SECTION　オーバーセクション

10 バックのセンターから横スライスを60度で引き出し、グラデーションをカットする。

11 サイドへと切り進む。横スライスを少し後方にODしながらカットする。

12 フロントまで同様にグラを切る。この部分はアンダーの9とつなげなくてOK。

13 上段に進む。バックのセンターから横スライスをとって75度で引き出し、グラデーションをカット。

14 サイドも75度のリフトで、横スライスを後方にODしながら切る。

OVER SECTION FRONT TOP　オーバーセクション・フロントトップ

17 つむじ手前から斜めスライスをとり、オンベースでセイムレイヤーをカット。

18 フロントまで同様にセイムレイヤーを切る。

19 次のスライスもオンベースでセイムレイヤーをカット。

20 正中線までセイムレイヤーをカットする。

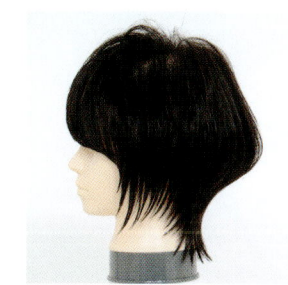

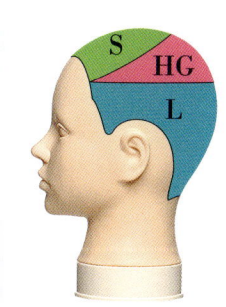

06	07	08	09
サイドへ切り進む。ODしてレイヤーカットする。	フロントに向かって同様にレイヤーカットしていく。	フロントまで同様に後方にODしてカット。フェースラインだけ次の9で切り直す。	8で切った部分を前方にODしてレイヤーのラインで切り直す。その後、届く範囲の髪をそこに集めてチェックカットする。

15	16
上段に進む。HGで切るセクションはつむじの後ろまで。横スライスを90度で引き出してカット。	サイドも90度のリフトで後方にODしてカットする。

VOLUME & TEXTURE
毛量調節・質感調節

21	22
オーバーセクションのバックに斜めスライスをとり、毛先をポインティングで削いで質感をつくる。	オーバーの前方中心に、毛束の側面を削いで細くし、質感をつくる。

アンダーセクション

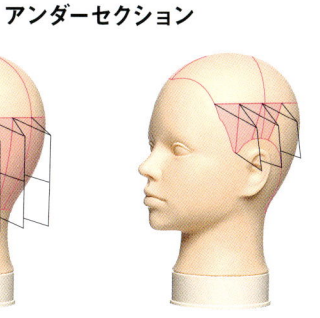

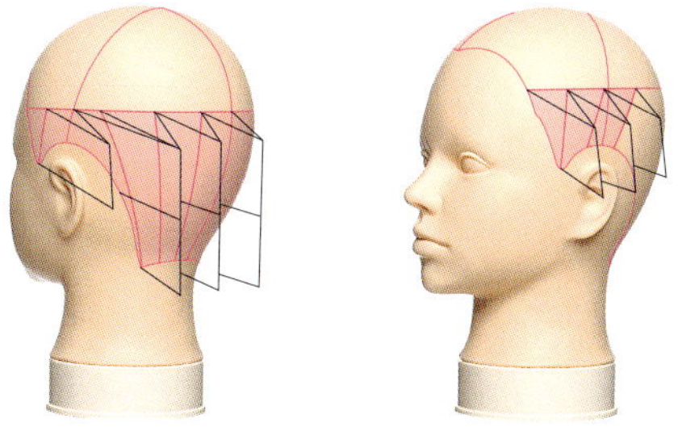

オーバーセクション

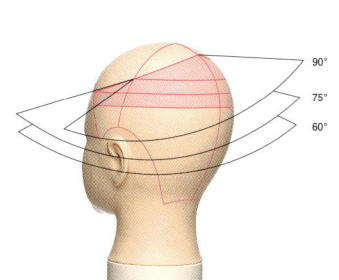

オーバーセクション フロントトップ

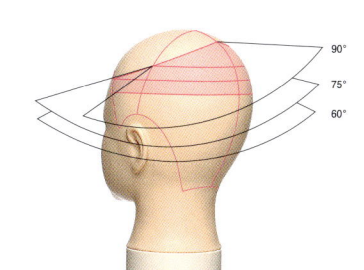

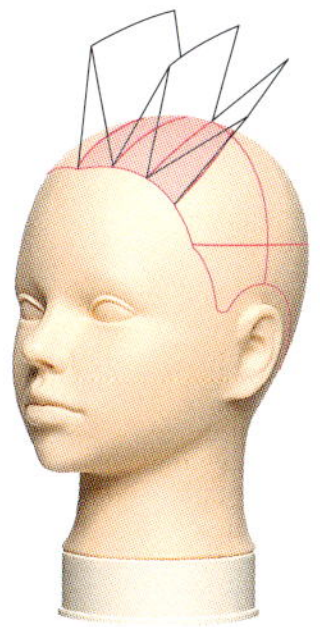

90°
75°
60°

67

原型 III S+HG からの展開

プラス1セクションの展開例①〜⑥ このうち②③④については70ページ以降でカットを解説している。

❶ アンダー上部をGにする

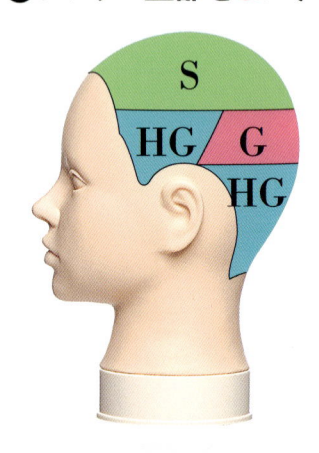

❷ アンダー前方をSにする

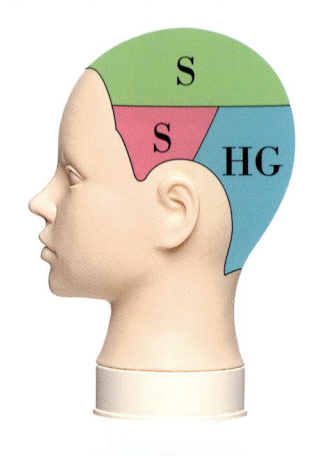

❸ オーバーの後方をHGにする

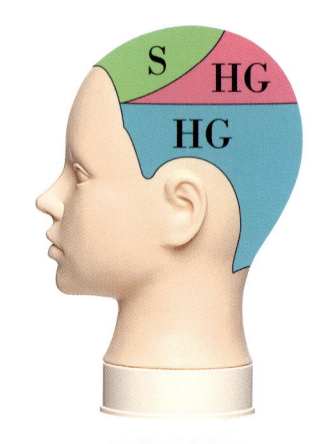

原型より落ち着き感が強調される

スタイルの後方に横幅と低い重心が生まれる。そのため原型に比べて落ち着いた印象が生まれ、カジュアルながらもやや大人っぽい雰囲気になる。

サイドの毛先にも動きがつく

スタイルの前方に軽さと縦の距離感が生まれる。そのため正面から見たフォルムの重心が原型より高くなる。ショートっぽさ、カジュアル感が強くなる。

バック中心にボブ感が強調される

スタイルの後方の重心が下がる。それによって原型より印象がショートボブに近づき、カジュアル感よりクール感やシャープ感が出てくる。

HGによる落ち着き感とSによる動きと軽さがミックスされ、気負いのないカジュアルさを出せる組み合わせ。フォルムに丸みも縦長感も出しやすい。やや高めの位置に重心があるので、このスタイルのようにフロントを短くすると、ショート感が強まる。

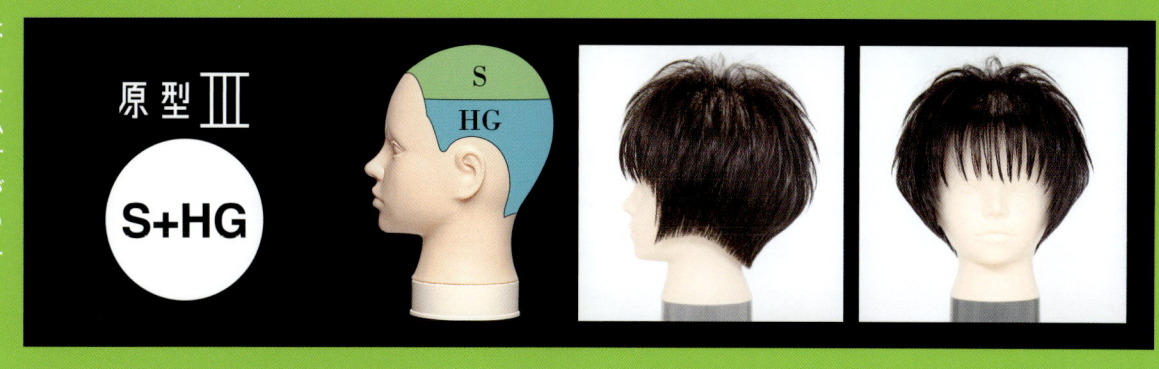

原型 Ⅲ　S+HG

---

❹ オーバー前方をHGにする

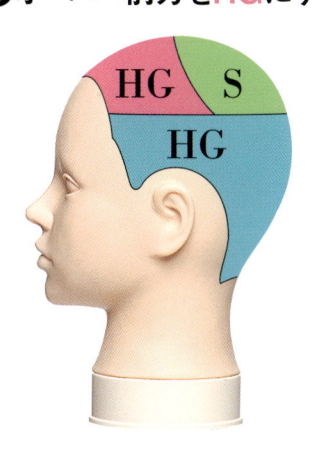

❺ アンダー後方をGにする

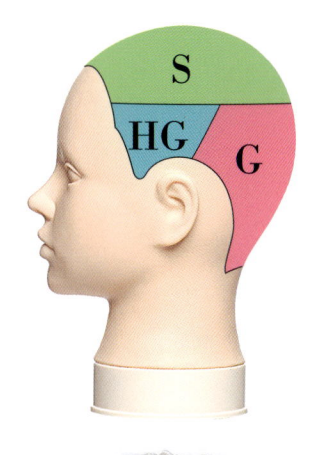

❻ アンダー前方をGにする

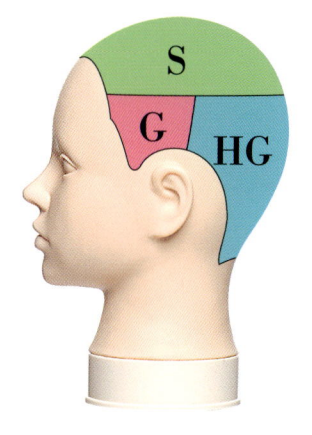

正面の重心が下がり面のスリーク感が加わる

HGで切ることで、正面から見た重心が低くなる。デザイン的には前方が面の質感になり、後方は動きや毛束感があるという対称的な面白さがある。

後方に重さが出て女らしさが加わる

横から見た時にはかなりボブ感が強調された印象になる。前方上部に軽さがあり、後方下部に向かって重くなっていく毛流れは、ややフェミニンな印象。

正面の印象がほとんどボブになる

ある程度長さのあるアンダーをGにすると、一気にボブ感が増してシャープになる。原型よりも正面から見たフォルムの重心が下がり、下部の横幅が強調される。

原型 Ⅲ　S+HG ＋アンダーの前方Sで作るスタイル

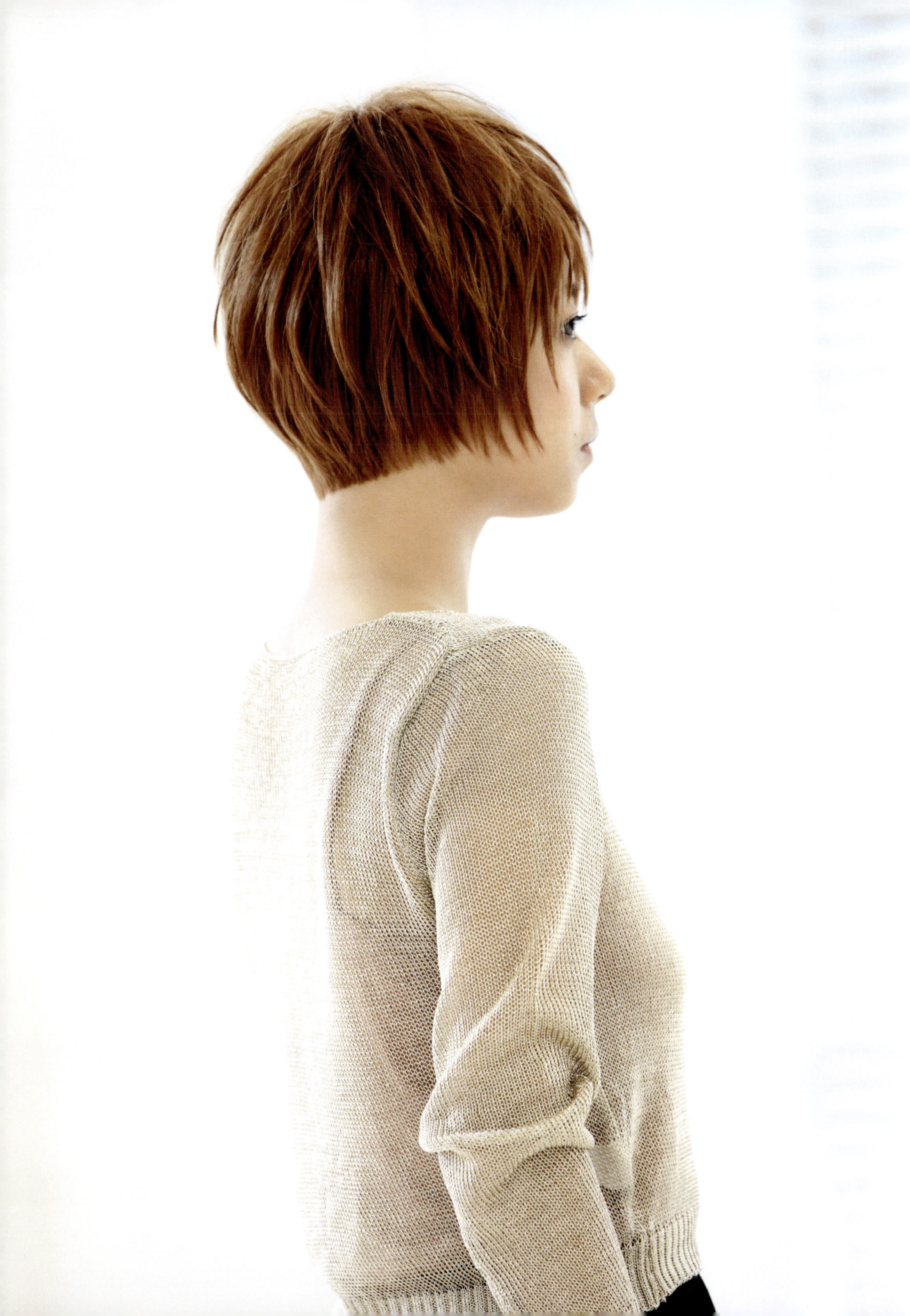

原型 Ⅲ

S+HG ＋アンダーの前方Sで作るスタイル　カットの組み立て

正面から見ると軽さと動きが目立ち、カジュアルなショートヘアという印象が強い。それでもスタイルの後方下部には重さを作っているため、全体がルーズにならず、落ち着きとまとまり感を残している。

UNDER SECTION BACK
アンダーセクション・バック

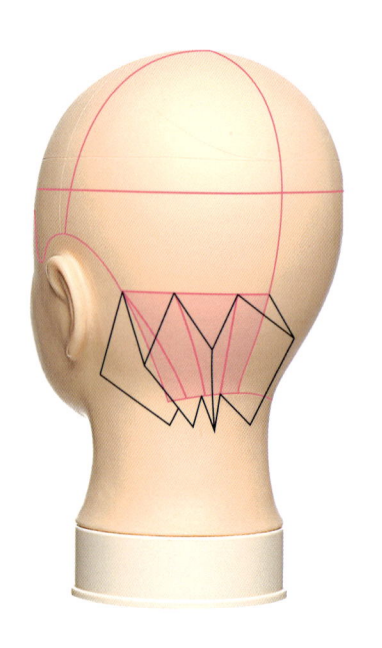

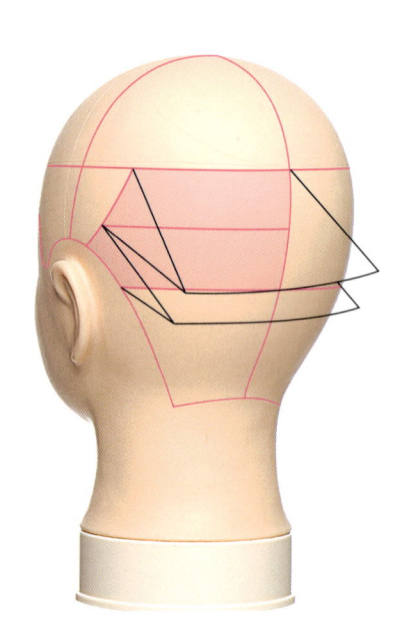

横スライスでハイグラをカット

全体の中で唯一、ハイグラでカットして重さを作る部分。ネープと上段とに分けて切る。ネープは骨格にフィットさせるために斜めスライスで切り、上段は横スライスでややリフトして切って段差をつける。

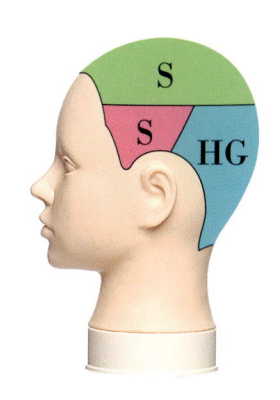

UNDER SECTION SIDE
アンダーセクション・サイド

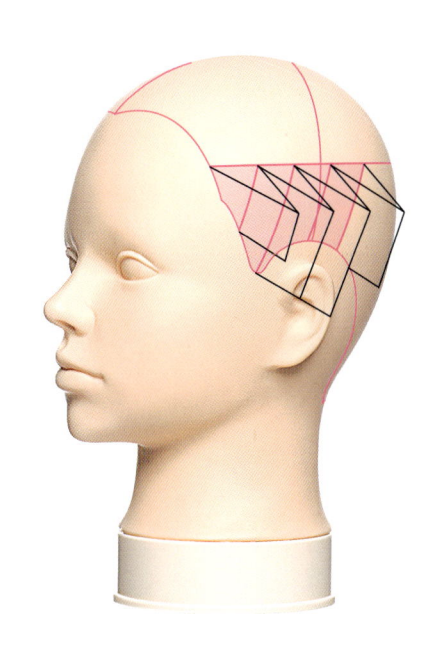

OVER SECTION
オーバーセクション

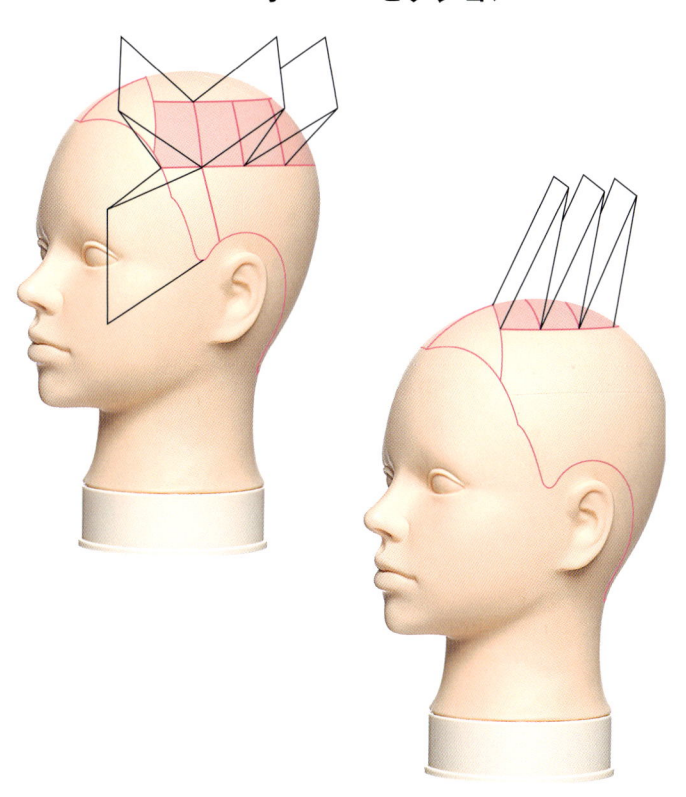

縦に近いスライスでセイムレイヤーをカット

バックは横スライスで切っていたが、サイドは一気に縦系に変える。やや前下がりの斜めスライスをとり、少し後方にODして、セイムレイヤーにカット。フロントまで切ったら、フェースライン際だけ前に引いて切り直す。（オーバーセクションの図参照）

後方にODしてセイムレイヤーをカット

バックからフロントまで、縦スライスをとってセイムレイヤーをカット。全部後方にODして切るが、フェースラインだけ最後に前方に引いて、アンダーセクションとつなげて切り直す。

原型 Ⅲ

S+HG ＋アンダーの前方Sで作るスタイル　カットのプロセス

UNDER SECTION BACK　アンダーセクション・バック

01 耳際から斜めスライスをとり、30度のリフトでスライスと平行にカットする。

02 徐々にスライスを縦にしてセンターへ切り進む。リフト40度でカット。

03 最後に正中線を45度のリフトで切る。

04 上段は横に近い斜めスライスをとり、やや後方にODして切る。正中線近くは45度のリフトで、サイド近くはやや下げる。

05 さらに上段は60度で切り始め、サイド近くはややリフトを下げて切る。ここまではハイグラのカット。

OVER SECTION　オーバーセクション

10 正中線からスライスをとりオンベースに引き出し、セイムレイヤーをカットする。

11 前方へ切り進む。縦スライスをオンベースに引き出し、やや後方にODしてカット。

12 サイドも縦スライスをとり、オンベースに引き出してやや後方にODしてカット。

13 フロント際はオンベースに引き出したパネルを前方にODし、アンダーとつなげてカットする。

BANG　バング

17 三角ベースをとり、2段に分ける。やや斜めのスライスで75度のリフトで引き出し、前上がりの斜めのラインを切る。

18 上段は90度のリフトでカットする。

19 フロントトップをオンベースで引き出し、カドを落とす。

VOLUME&TEXTURE

20 バックサイドの毛量を落としてフォルムを締める。パネルを引き出し、インナーレイヤーを入れる。

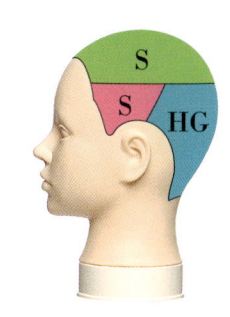

UNDER SECTION SIDE　アンダーセクション・サイド

06 スライスを縦に近づけてセイムレイヤーにしていく。60度のリフトでやや後方にODして引き出してカット。

07 前方へ切り進む。60度リフト、後方へややODして切る。

08 フロント際も60度リフト、ややODでセイムレイヤーを切る。

09 フロント際からスライスをとり前方にODして斜めのラインを切る。この位置に届く範囲の髪を集めてチェックカットする。

OVER SECTION TOP　オーバーセクション・トップ

14 バックからオンベースで引き出し、セイムレイヤーをカットする。

15 サイドに切り進む。縦スライスをオンベースで、ほんの少し後方にODしてセイムレイヤーをカットする。

16 フロント際まで同様にカットする。

毛量調節・質感調節

21 トップから毛束をとり、アンダーセニング（毛束の裏面を削ぐ）を入れる。

アンダーセクション・バック

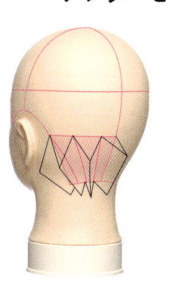

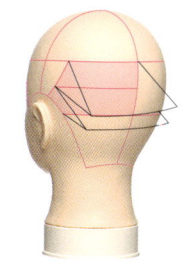

アンダーセクション・サイド

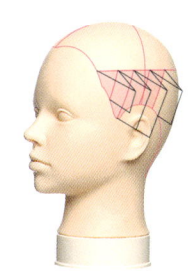

オーバーセクション

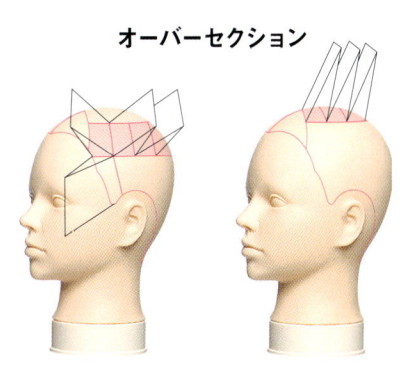

原型 Ⅲ　S+HG ＋オーバーの後方HGで作るスタイル

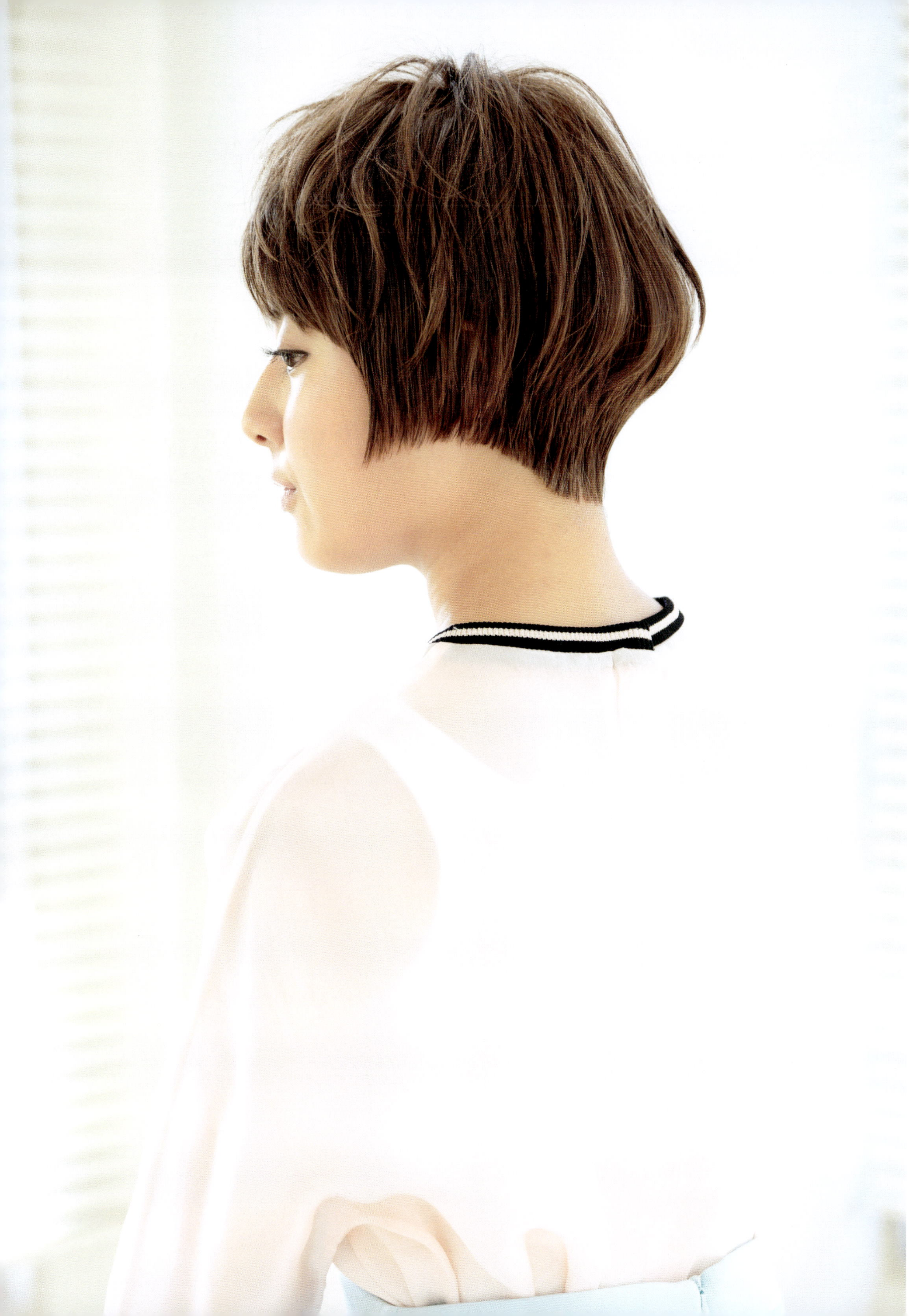

原型 Ⅲ

S+HG ＋オーバーのバックHGで作るスタイル　カットの組み立て

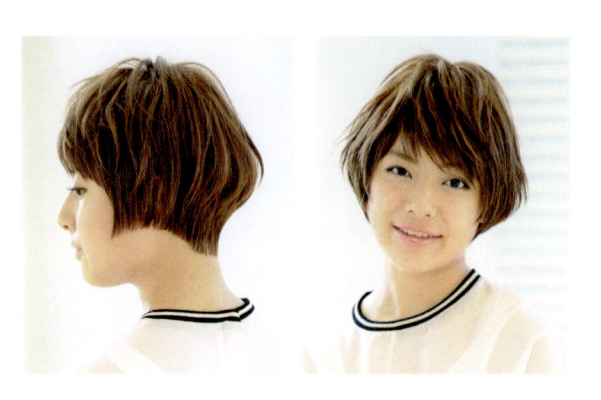

正面から見ると、髪に動きがあるので元気で親しみやすい印象。バックには重さがあり、ショートボブ風のデザインなので、カジュアルだけでないおしゃれ感が出せる。

UNDER SECTION NAPE
アンダーセクション・ネープ

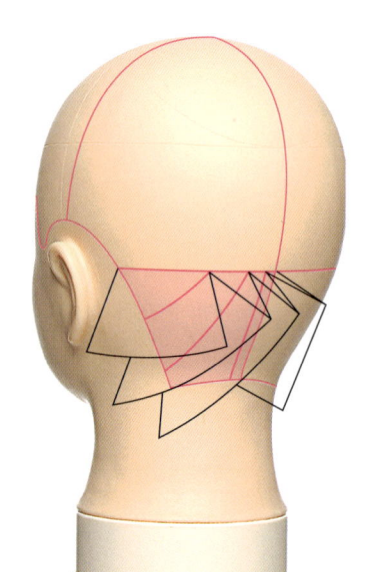

首に添うえり足を作る

アンダーセクションは2段に分けて切る。1段目となるネープの部分は、放射状気味の斜めスライスでハイグラデーションをカット。短く詰まった、首にフィットするタイトなえり足を作る。

UNDER SECTION
アンダーセクション

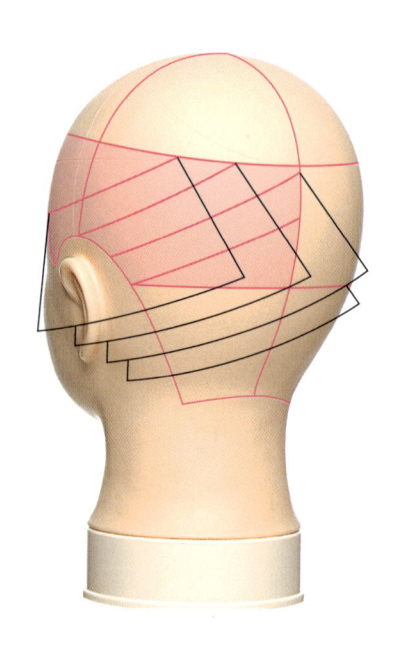

横スライス系のハイグラで土台を作る

ここがスタイルのボブっぽさを作っている部分。前下がりの斜めスライスをとり、やや後ろにODして切る。同じスライスでもバックに近い部分ほどリフトを上げ、サイドの方は下げて切る。

OVER SECTION BACK
オーバーセクション・バック

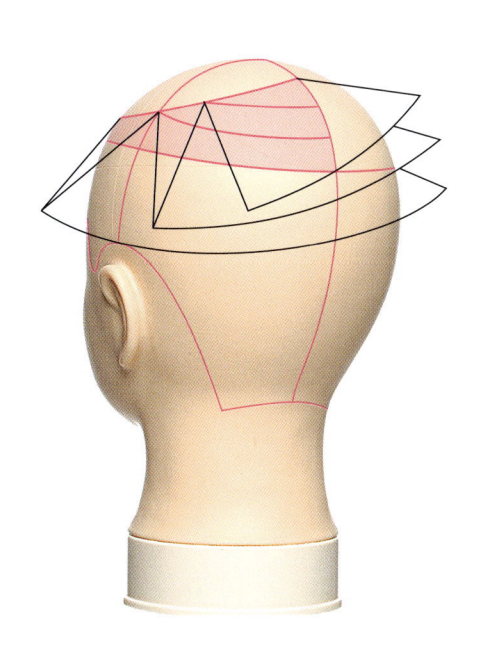

OVER SECTION FRONT TOP
オーバーセクション・フロントトップ

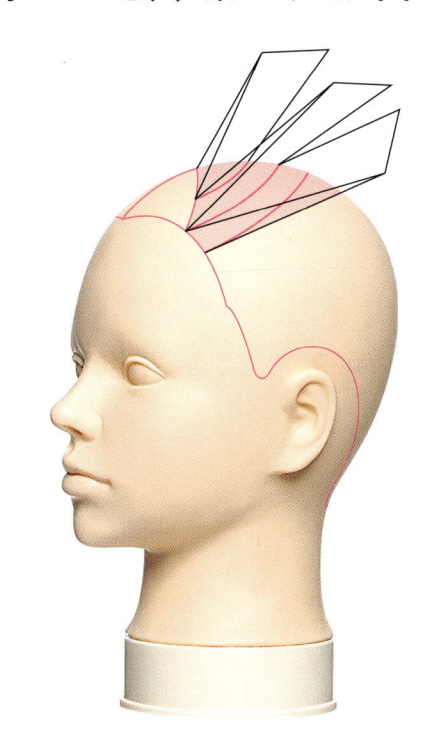

バックの重心を強調し、ボブ感をさらに強調する

アンダーのHGの上にさらにHGを重ねることで、バックの重さを強調し、ボブのフォルムを形作っていく。ここのセクションはバックを中心に広めにとり、サイドは少しずつ狭くしていって、フロントでは消してしまう。こうしてフロントトップのSの部分と自然につなげる。

正面の軽い印象はここで作る

このスタイルは正面と横や後ろから見た時の印象がかなり違う。後ろが重いのに対して前方の軽い印象を作っているのがこのセクションの髪。セクションはトップからフロントにかけて分け取る。前下がりの斜めスライスをオンベースに引き出してセイムレイヤーを切る。

原型 III

S+HG ＋オーバーの後方HG で作るスタイル　カットのプロセス

UNDER SECTION NAPE　アンダーセクション・ネープ

01 センターから縦スライスを45度に引き出してカット。

02 スライスを徐々に斜めにし、リフトも下げながら、ひとつ前のパネルをガイドにカットする。少し後ろにODして切る。

03 最後は横スライスで、リフト30度でカットする。少し後ろにODする。

UNDER SECTION

04 斜めにスライスをとり45度のリフト。少し後ろにODして、ネープの長さをガイドに切る。

OVER SECTION　オーバーセクション

10 こめかみとつむじをつなぐラインでセクションをとる。やや斜めのスライスをとり70度のリフトでカットする。

11 サイドも70度のリフトで切る。少し後方にODして切る。

12 フロント際は70度のリフトで、ODせず、前下がりの斜めラインで切る。

13 2段目は80度のリフトで切る。

14 少し後方にODしながら、80度のリフトでセクションの端まで切る。

BANG　バング

19 水平ラインで2段に分け、上下段とも90度に引き出してカットする。

VOLUME&TEXTURE　毛量調節・質感調節

20 フォルムを締めたい部分の毛量を削ぐ。こめかみの斜め奥からパネルを横に引き出し、インナーレイヤーを入れる。

21 フロントトップの毛束を削ぐ。引き出した毛束の両側面を削ぎ落す。

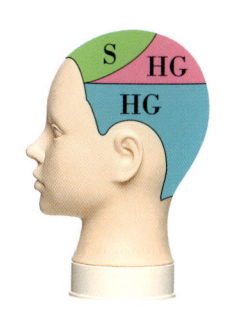

アンダーセクション

05 斜めスライスをとり60度のリフトでカットする。

06 サイドに近づくにつれリフトを下げていく。最後は45度のリフトでカットする。

07 斜めスライスをとり60度のリフトでカットする。

08 サイドに近づくにつれリフトを下げ、最後は45度でカットする。

09 4から8までは少し後ろにODして切るが、フロント際はしない。60度のリフトで、前下がりの斜めラインでカットする。

15 最後の段は90度のリフトでカットする。ここまでがグラデーションの構成になっている。

OVER SECTION FRONT TOP　オーバーセクション・フロントトップ

16 バングを分けておく。斜めスライスをとりパネルをオンベースに引き出し、15をガイドにセイムレイヤーをカットする。

17 次のスライスもオンベースに引き出してセイムレイヤーを切る。

18 正中線際もオンベースでセイムレイヤーを切る。

アンダーセクション・ネープ　　アンダーセクション 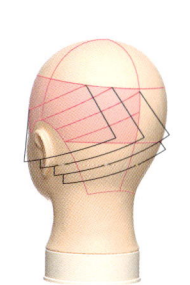　　オーバーセクション 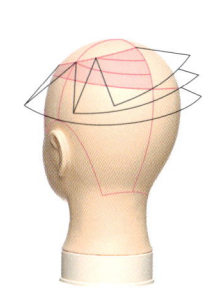　　オーバーセクション・フロントトップ

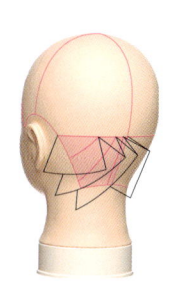

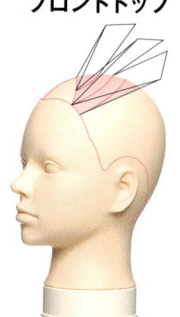

原型 Ⅲ

S+HG ＋オーバーの前方HGで作るスタイル

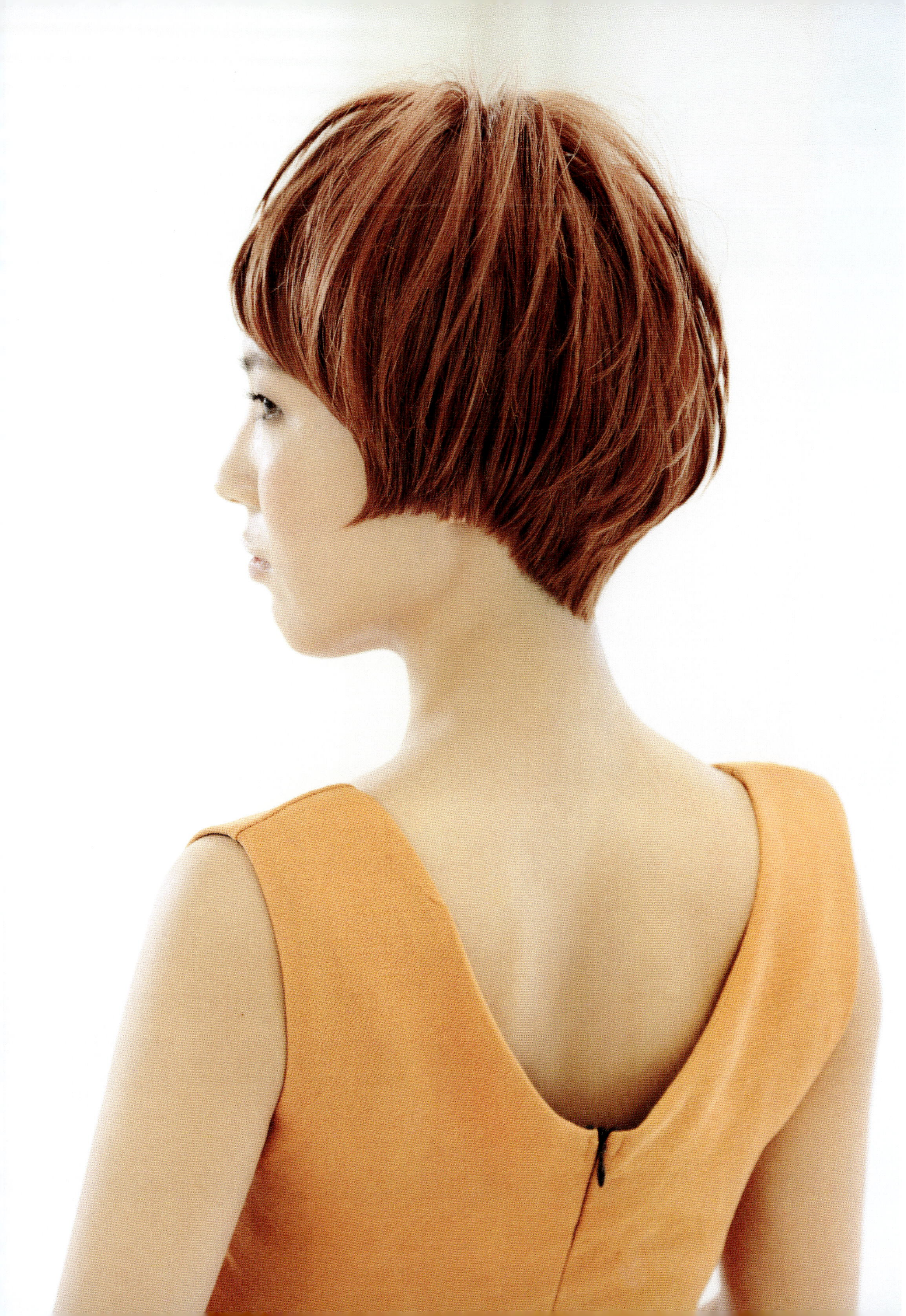

原型 Ⅲ

S+HG ＋オーバーの前方HGで作るスタイル　カットの組み立て

このスタイルは76ページの逆バージョンで、前後のボブっぽさが入れ替わっている。こちらは正面から見ると、低い位置に重心があり、スリークな面が強調されていてかなりボブっぽい。後ろの方は対照的に動きと軽さがあるため、全体に重くはなく、コントラストがついている。

UNDER SECTION NAPE
アンダーセクション・ネープ

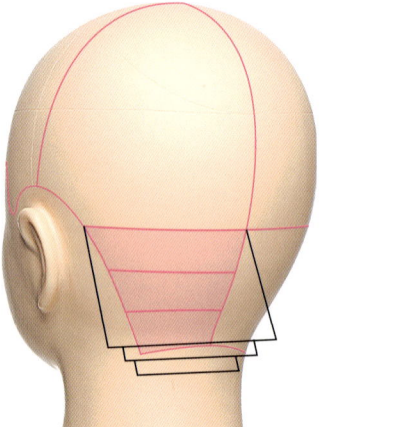

UNDER SECTION
アンダーセクション

短く詰まったネープを作る

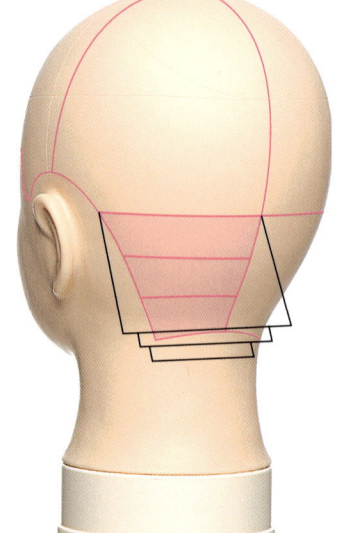

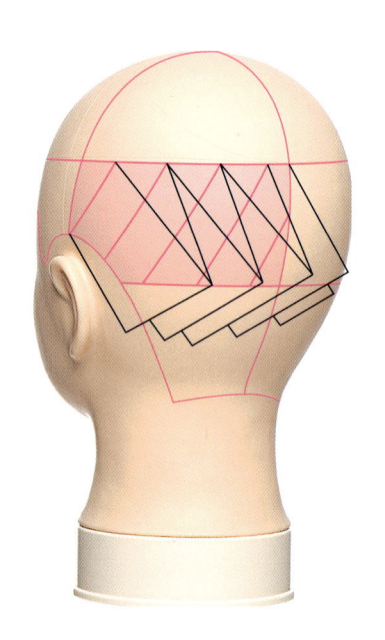

アンダーがHGになっているスタイルはボブ感を活かすため、えり足は短くタイトに仕上げるパターンが多い。このスタイルも横スライスを少しずつリフトしながら短めにカットして、詰まったネープを作る。

スタイルの重心を作る部分

段差の幅が広めのグラデーションをつけ、スタイルの重心を決める部分。ネープは横スライスだったが、ここは縦に近い斜めスライスをとって切っていく。パネルは後ろにODして切り、前下がりのラインを作る。

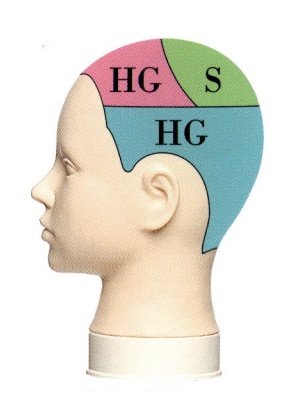

OVER SECTION SIDE
オーバーセクション・サイド

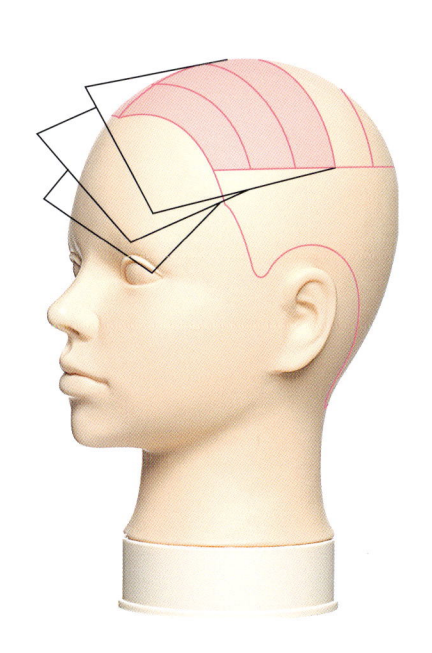

顔まわりのボブっぽさを作る

アンダーは後ろから前へ切ったが、オーバーは前から切る。フロントを斜めスライスでハイグラにカットするが、少しずつスライスを縦にしていき、リフトもアップしていって、後方のセイムレイヤーと自然につながるようにしていく。

OVER SECTION BACK
オーバーセクション・バック

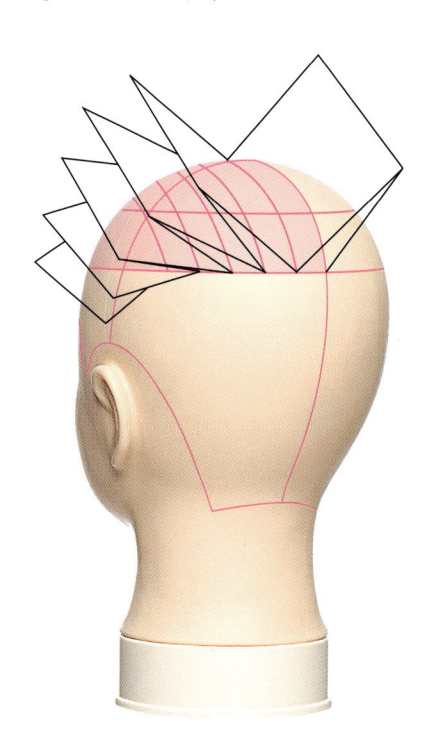

サイドのハイグラを
セイムレイヤーにつなげる

この部分は後頭部のフォルムに丸みを与え、動きを出して軽さを表現する部分。2段に分けて切っていく。サイドの延長で、斜めスライスを低めのリフトで切り始め、バックに行くほどスライスを縦にし、リフトも高くする。少しずつハイグラをセイムレイヤーに移行させていくのがポイント。

原型 Ⅲ

S+HG ＋オーバーの前方HGで作るスタイル　カットのプロセス

UNDER SECTION NAPE　アンダーセクション・ネープ

01 やや斜めの横スライスをとり、リフト15度でカットする。

02 次のスライスは30度リフトしてカットする。耳後ろはやや後方にODして切る。

03 次は40度のリフトでカットする。

04 耳後ろはやや後方にODして切る。少しずつリフトを上げて切ることで、ハイグラにカットされる。

OVER SECTION SIDE　オーバーセクション・サイド

10 フロントに斜めスライスをとり、60度のリフトで斜めにカットする。この時アンダーのコーナーが多少削れてもかまわない。

11 次は少しスライスラインを縦に近づけ、リフトも75度に上げる。パネルをやや前にODして切る。

12 最後はスライスをさらに縦にしてとり、リフトも90度まで上げて切る。ハイグラのカットをセイムレイヤーに移行させていく。

OVER SECTION BACK

13 バックは上下2段に分ける。下段からセイムレイヤーをカットしていく。

18 上段に進む。フロントとの境目は90度のリフトで前方にODし、フロントをガイドにカット。ここはハイグラとのつなぎ目になる。

19 次は少しリフトを上げ、ODは小さくして、セイムレイヤーをカット。

20 少しずつリフトを上げて切っていき、最後は110度のリフトで斜めのラインをカット。セイムレイヤーを切り終える。

VOLUME&TEXTURE

21 フロントにインナーグラを入れて毛量を減らし、フォルムを締める。

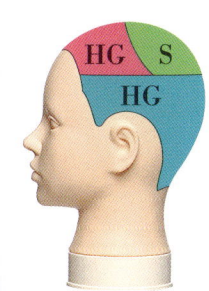

UNDER SECTION　アンダーセクション

05 バックから斜めスライスをとり、45度のリフトで、ハイグラをカットする。

06 次のスライスは45度のリフトで切る。耳後ろは少し後方にODする。

07 サイドに切り進む。斜めスライスをとり、45度のリフトで、やや後方にODして切る。

08 同様にハイグラを切り進む。

09 フロント際まで同様にカットする。

オーバーセクション・バック

14 最初のスライスを斜めにとり、90度リフトで斜めのラインでカット。ここは前にODしているが、この後はODを小さくしていく。

15 みつえりの上方付近。縦に近い斜めスライスを90度のリフトで引き出して斜めのラインでカット。少しずつODを小さくしていく。

16 バックセンター近くはほとんどODしないで切る。

17 最後のセンターライン上は真後ろに引き出してセイムレイヤーを切り終える。

毛量調節・質感調節

22 ゴールデンポイント付近から毛束を引き出し、裏面を削ぐラインセニングを入れる。髪が浮きやすくなり動きが出る。

アンダーセクション・ネープ　　アンダーセクション 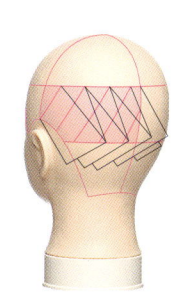　　オーバーセクション・サイド 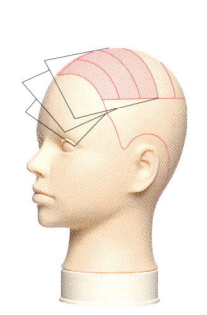　　オーバーセクション・バック

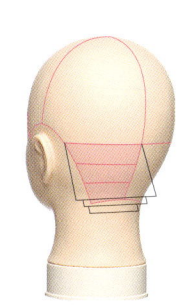

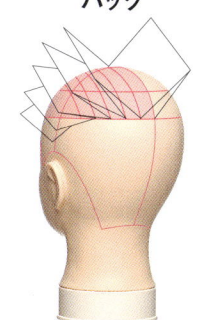

原型 Ⅳ Side+Back からの展開

プラス1セクションの展開例 ①−⑥
このうち③④⑥については90ページ以降でカットを解説している。

❶ サイドのアンダーをHGにする

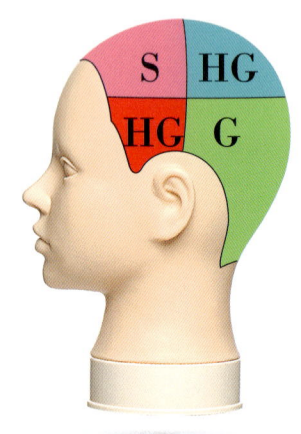

前方のすそ付近に量感が出る

サイドのアンダーをSからHGにしたため、正面から見るとフォルムの下部に丸みのある横幅が出ている。少女っぽいかわいらしさ、ナチュラルな印象に。

❷ サイドのアンダーをGにする

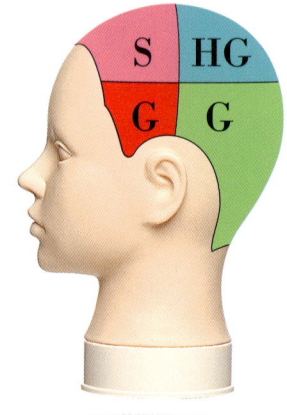

前方のすそ付近にさらに量感が出る

フォルムの下部の横幅がより強調され、たっぷりとした量感になる。また上部のSとGのコントラストが生まれ、カジュアル感にフェミニンな印象が加わる。

❸ サイドのオーバーをHGにする

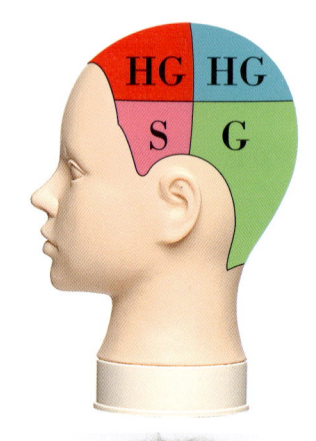

顔まわりにクール感が生まれる

バングの横線がないためあまり目立たないが、上部に横幅が出てくる。そしてボブに似た面ができるため、ややクールでモダンな印象が加わる。

ロングの場合、スタイルの前後を変化させてデザインを広げるため、原型は上下ではなく前後の組み合わせになる。顔まわりは縦の距離感と動きがあり、後方やや低い位置に重心あり。ロングのエレガント感にカジュアルさが加わったスタイル。

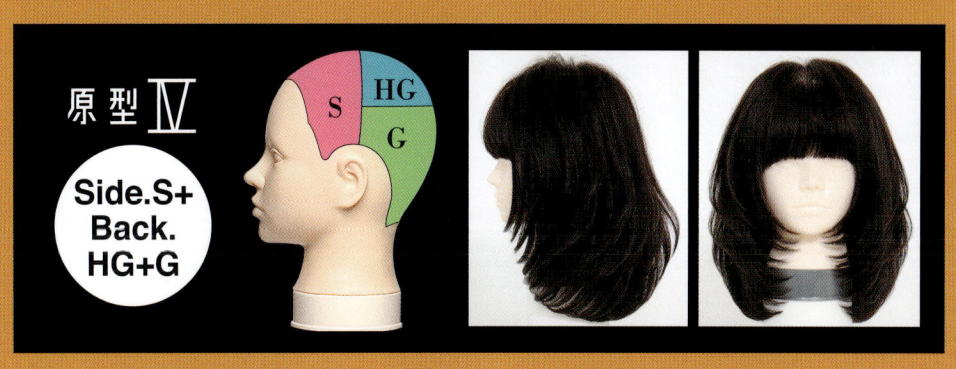

原型 Ⅳ

Side.S + Back.HG+G

---

❹ バックのアンダーをHGにする

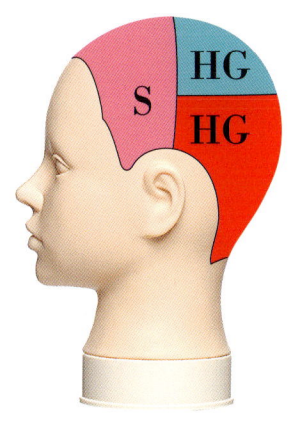

❺ バックのアンダーをSにする

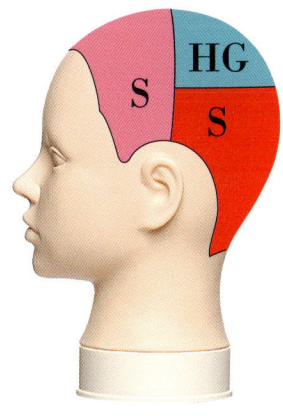

❻ バックのオーバーをSにする

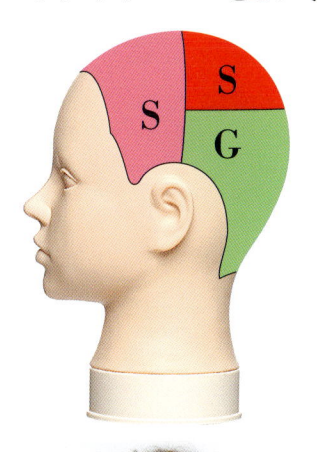

フォルムが原型より縦長に変化する

原型に比べ、フォルムに丸みと縦長感が加わる。さらにバックの重心の位置が上がり、長めレングスであるがショートっぽい軽快な印象が生まれる。

さらにバックの重心が上がる

横から見た時のフォルムの重心が❹よりさらに上がり、重心の下にくびれも感じさせるようになる。縦長感が強調され、すその毛先の薄さが目立ってくる。

全体に髪の動きが強調される

上部のフォルムが縦に細くなる。またスタイルの上方がすべてSで切られるため、髪の動きが強調され、バック下部の重さとのコントラストが生まれる。

原型 Ⅳ

Side+Back ＋サイドのオーバーHGで作るスタイル

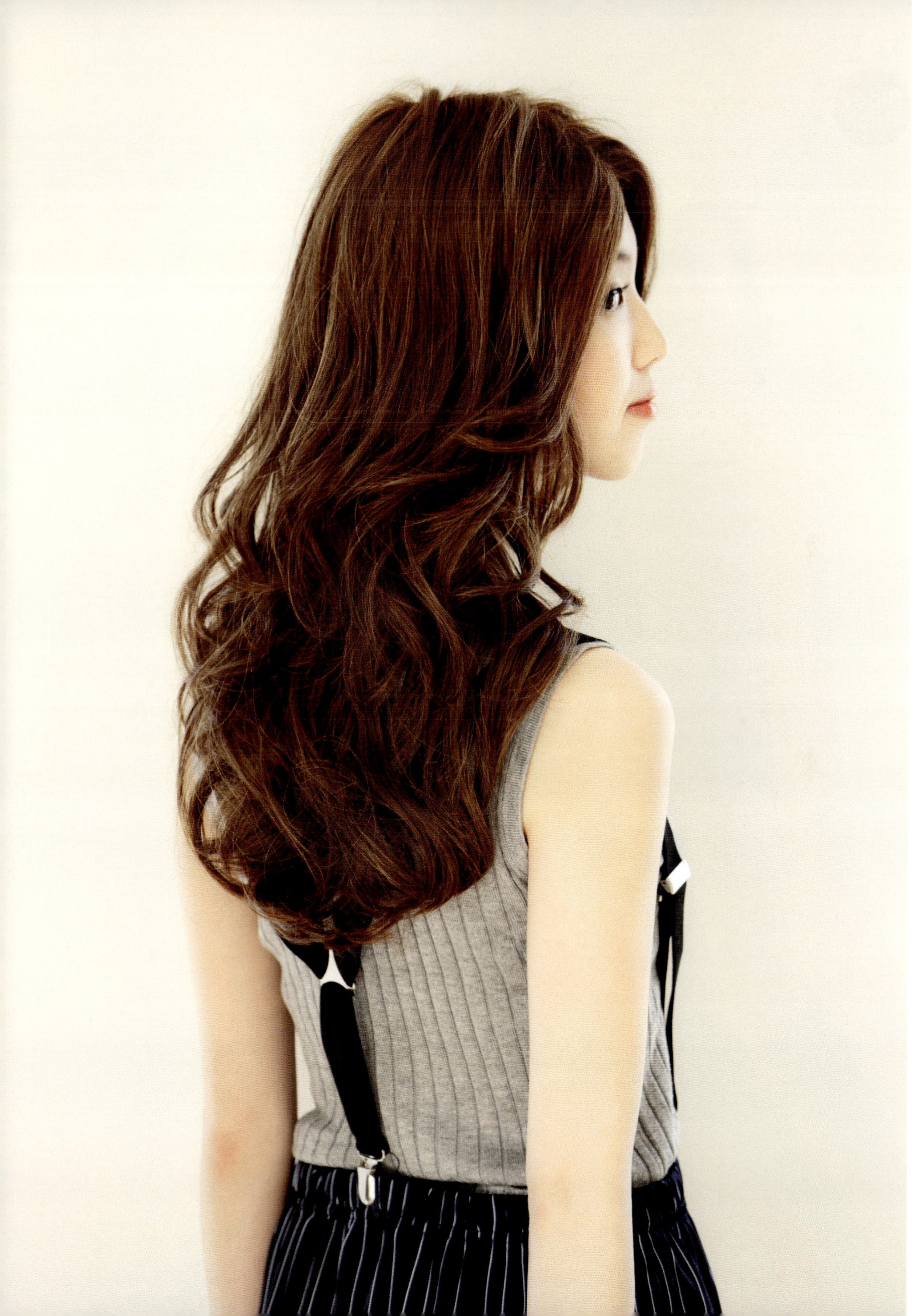

原型 Ⅳ

Side+Back ＋サイドのオーバーHGで作るスタイル　カットの組み立て

顔まわりの重さと長さが大人っぽさ、色っぽさ、クール感を作るデザイン。バングがないことでさらに縦の距離感を強調している。鎖骨から下には軽さがあり、顔まわりの重さを中和している。

UNDER SECTION
アンダーセクション

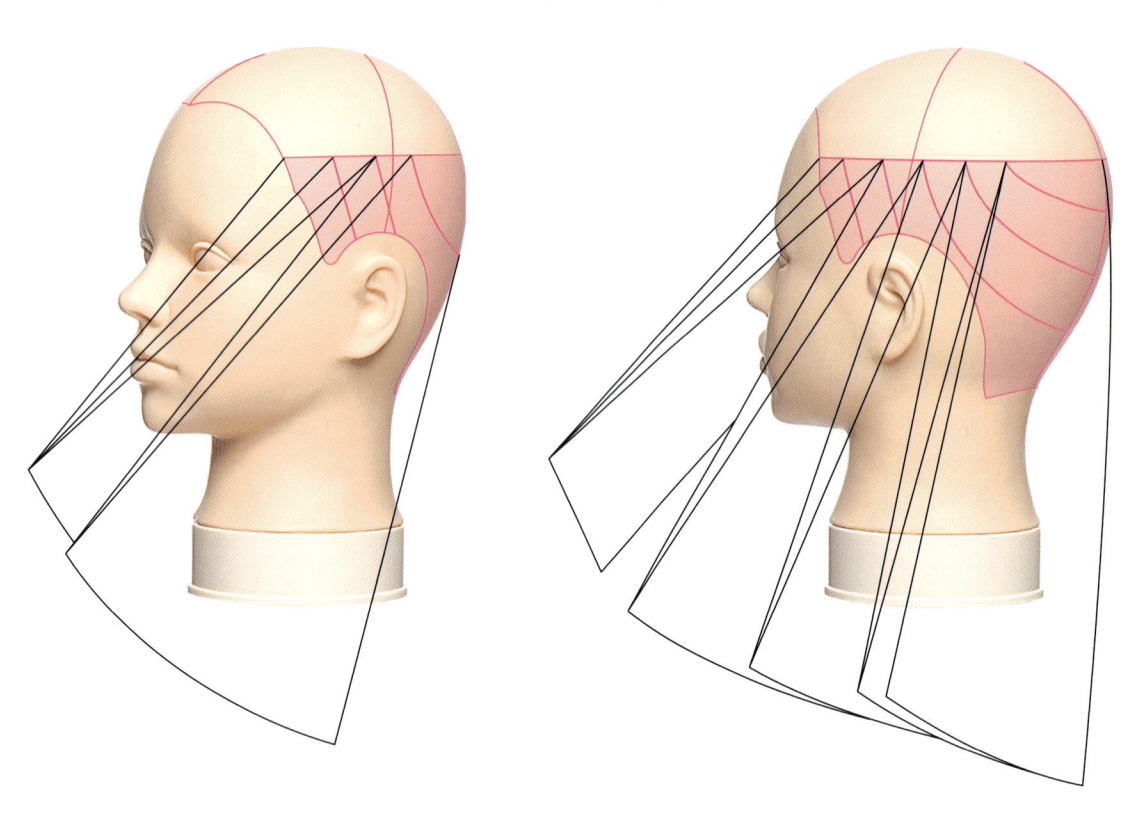

SからGへの移行がポイント

サイドは軽く、バックにはたっぷりとした重さを残すカット。サイドをセイムレイヤーで切り始め、バックをグラデーションで切り終える。縦スライスを少しずつ横に変えていき、パネルのリフトを少しずつ落として、S→Gに移行していく。

OVER SECTION
オーバーセクション

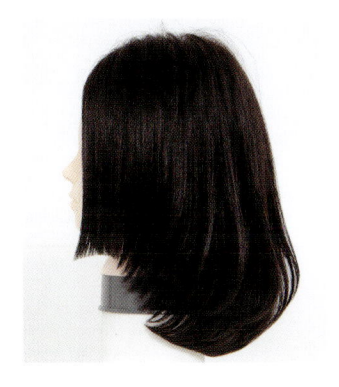

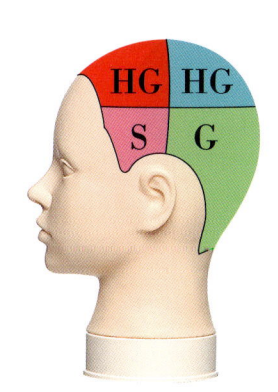

OVER SECTION TOP
オーバーセクション・トップ

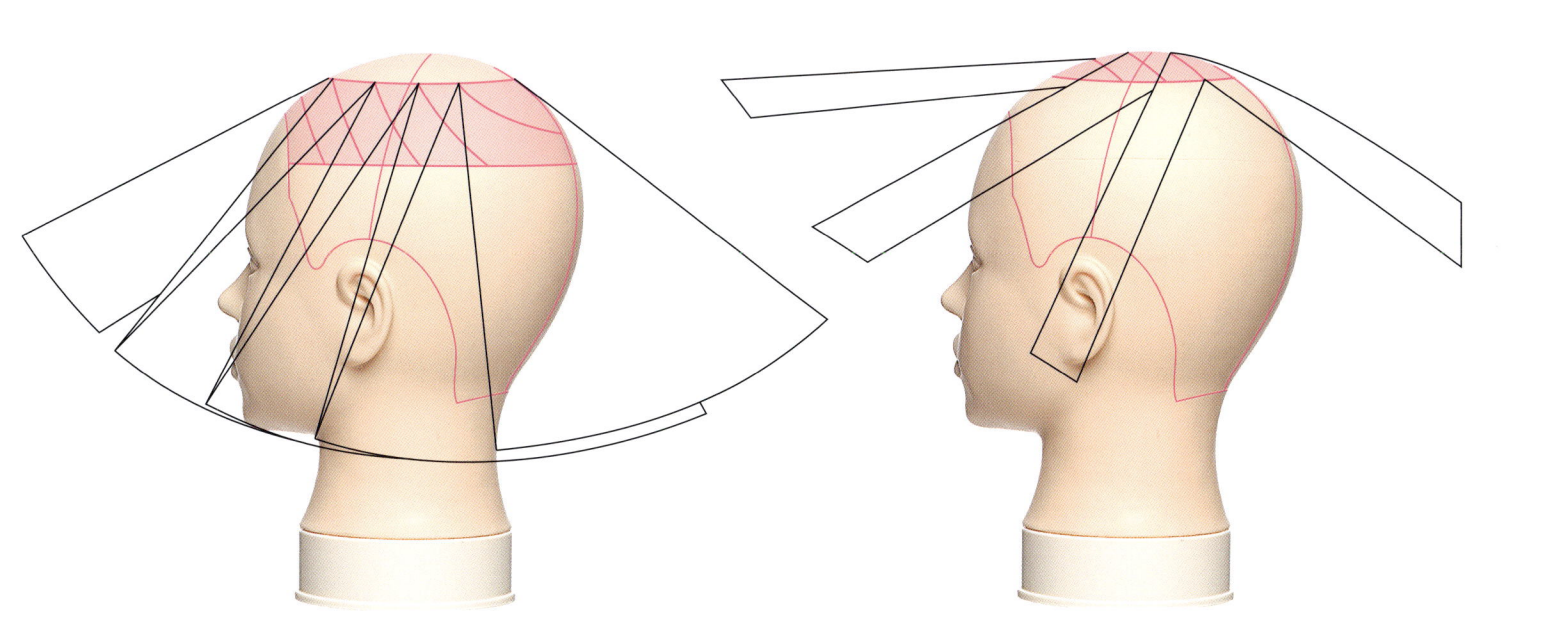

サイドもバックもHGで面を作る

箇所によってやや違いはあるものの、基本的にここはあまり段差をつけない部分。フロントは斜めスライスで低めのリフトで切り始め、サイドからバックに近づくにつれてスライスを横にしていく。

表面の髪をなじませる

頭頂部近くは、正中線に対して斜めにスライスをとり、前方にODしてカットする。HGのカットなのでさほどリフトはしないが、それでもフロントは高め、バックほど低めのリフトで切っている。

原型 Ⅳ

Side+Back ＋サイドのオーバーHGで作るスタイル　カットのプロセス

UNDER SECTION　アンダーセクション

01 バックはハの字スライス、サイドは横スライスですそを切る。みつえりから耳後ろは後方にODして切る。

02 フロントに斜めスライスをとる。45度前方にODして斜めのラインでS（セイムレイヤー）にカットする。

03 次のスライスは2と同じ位置に引き出して斜めのラインでカット。

04 サイドからバックにかけて分け取る。サイドは前方にODしながらパネルを45度リフトして斜めにカット。

05 バックは前方への引きを小さくし、リフトを30度に下げて斜めのラインで切る。

OVER SECTION　オーバーセクション

09 フロントに斜めスライスをとり、75度前方にODしてカットする。

10 次のスライスは9と同じ位置に引き出して斜めのラインでカット。

11 サイドは斜めスライスをとり、前方にODしながらパネルを75度にリフトして斜めにカットする。

12 バックに近づいたらスライスを横に近づける。ODしながらリフトを70度に下げて斜めのラインをカット。

13 同じスライスのバック近く。ODしながらリフトを60度に下げて斜めのラインを切る。

OVER SECTION TOP　オーバーセクション・トップ

16 フロント近くに斜め横スライスをとり、前方にODしながらリフト90度で引き出して下のセクションをガイドに切る。

17 サイドからバックも斜め横スライスで切る。少しずつリフトを下げていく。

18 バックのセンターはリフト75度で、水平なラインを切る。

VOLUME&TEXTURE　毛量調節・質感調節

19 フロントトップを中心に、毛量を削いでボリュームを抑えるため、グラのラインでインナーセニングを入れる。

20 トップセクションの毛束感を強調する。毛束をとって側面を削いで細くする。

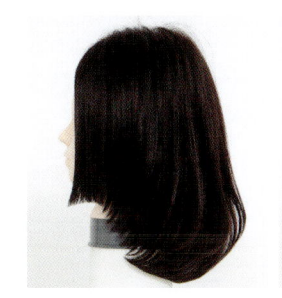

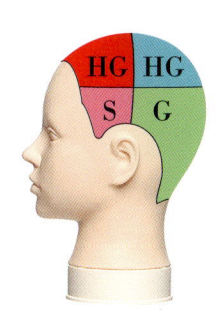

06
バックのセンターはダウンシェープして水平ラインを切る。4〜6でSからGへ移行していく。 

07
次のスライスを後ろから見たところ。耳後ろは前方にODして切り、センターはダウンシェープで切る。

08
最後のスライスも同様に、耳後ろ近くはODして切り、センターはODせずダウンシェープで切る。

14
同じスライスのバックのセンター。横スライスをとり、リフトを45度に下げて水平なラインを切る。

15
最後は横スライスをとり60度のリフトで水平なラインを切る。

アンダーセクション

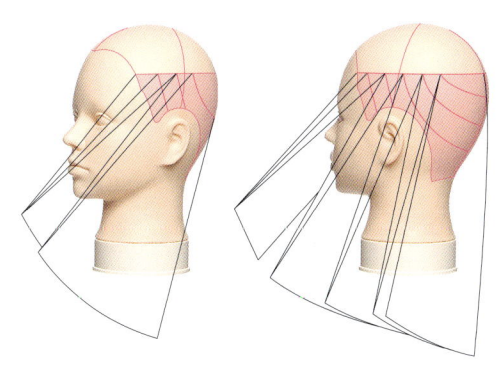

オーバーセクション

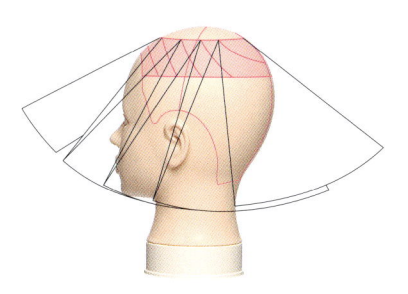

オーバーセクション・トップ

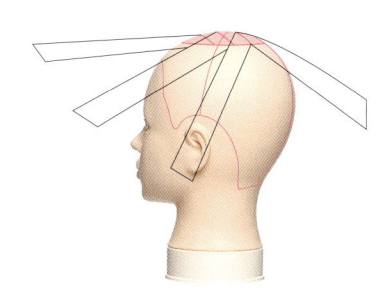

原型 Ⅳ

Side+Back ＋バックのアンダーHGで作るスタイル

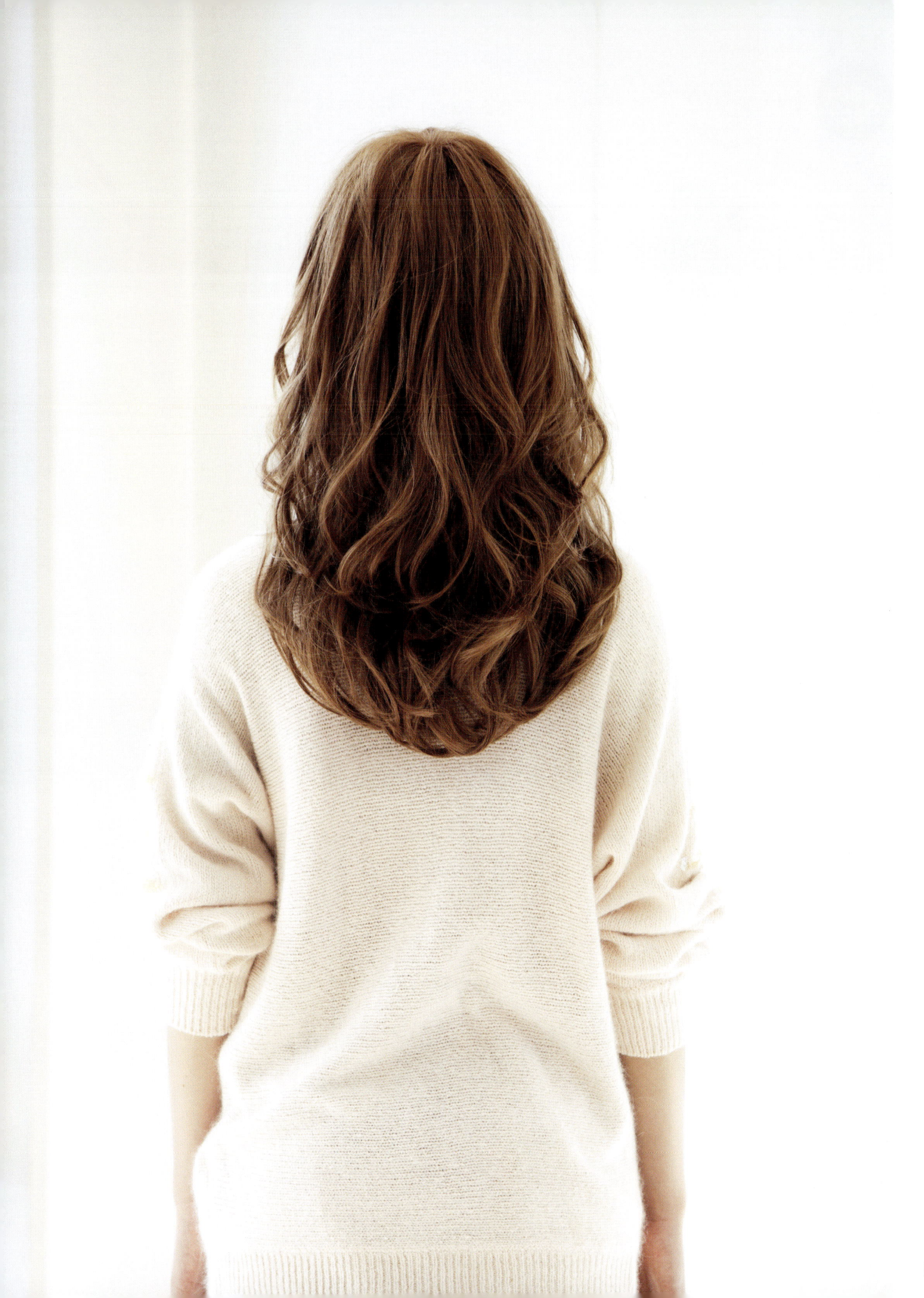

原型 IV

Side+Back ＋バックのアンダーHGで作るスタイル　カットの組み立て

他のロングスタイルに比べると細長いフォルムが特徴で、あまりすそ広がり感がない。スタイルの前方はかなり軽さがあり、後方も重心が高めになっているので重さを感じない。アクティブ感のあるスタイル。

UNDER SECTION
アンダーセクション

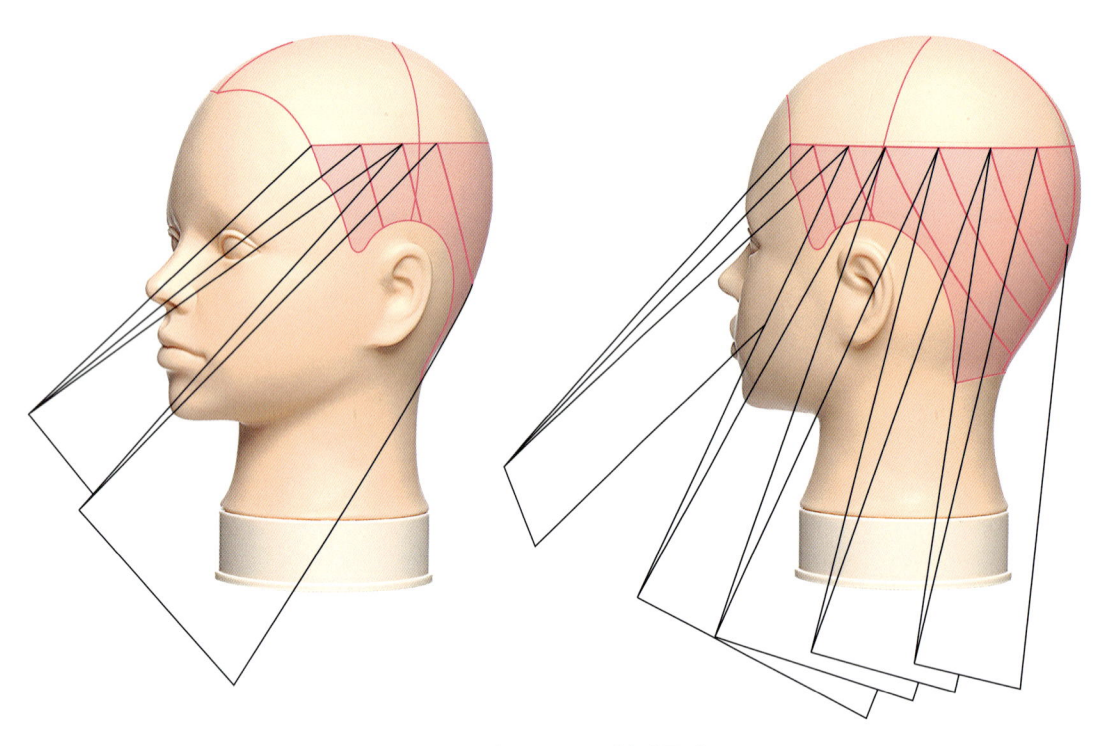

SからHGへ移行する

このスタイルはアンダーセクションもオーバーセクションもサイドはセイムレイヤー、バックはハイグラデーションの構成になっている。ただしアンダーの方はオーバーに比べると重め。フロントが最も軽いが、それでもカット時のリフトは45度程度。そこからさらにリフトを下げて、バックへ切り進んでいく。

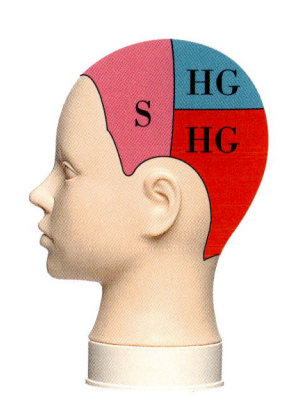

OVER SECTION
オーバーセクション

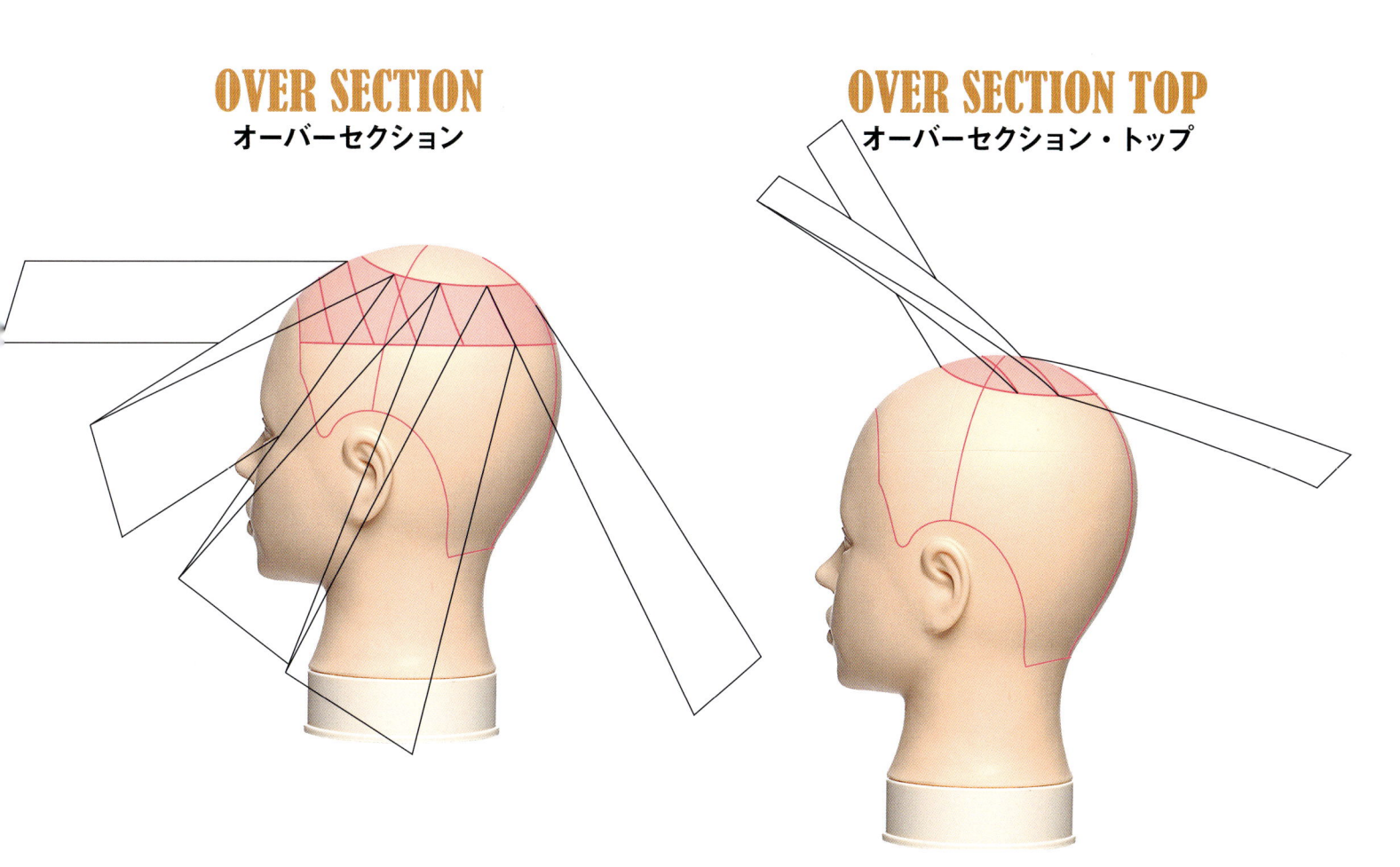

アンダーより軽さのあるS＋HGに

アンダーセクションと同じ、セイムレイヤーとハイグラデーションの構成。こちらはフロントをアンダーに比べて軽く切る。縦スライスを床と水平に引き出してカットスタート。サイド、バックと切り進むにつれ、リフトを下げて切る。

OVER SECTION TOP
オーバーセクション・トップ

さらに表面の軽さを作る

分け取っておいたトップは、オーバーセクションよりもさらに軽さを出す。フロント近くは130度のリフトでカット。そこから少しずつ落としていき、バックのセンターは90度のリフトで切り終える。

原型 Ⅳ

Side+Back ＋バックのアンダーHGで作るスタイル　カットのプロセス

UNDER SECTION　アンダーセクション

01 バックはハの字スライス、サイドは横スライスですそを切る。みつえりから耳後ろは後方にODして切る。

02 フロントに斜めスライスをとる。45度前方にODして斜めのラインでS(セイムレイヤー)にカットする。

03 次のスライスは2と同じ位置に引き出して斜めのラインでカット。

04 サイドからバックにかけて分け取る。サイドは前方にODしながらパネルを45度リフトして斜めにカット。

05 耳後ろ付近はODしながらリフトを30度に下げて斜めのラインで切る。

OVER SECTION　オーバーセクション

10 フロントに縦スライスをとり、床と水平方向前方にODし、斜めのラインでセイムレイヤーにカットする。

11 次のスライスは10と同じ位置に引き出し、同じくセイムレイヤーをカットする。

12 サイドは少しスライスを斜めにして、前方にODしつつパネルを90度にリフトしてカットする。

13 バックはさらにスライスを斜めにし、リフトを75度に下げてハイグラデーションをカットする。

14 次のスライスも斜めに近づけ、ODしながら60度のリフトでカットする。

OVER SECTION TOP　オーバーセクション・トップ

16 フロント際は縦に近い斜めスライスをとり、前方にOD、リフト130度で引き出し、セイムレイヤーをカットする。

17 サイドからバックは斜めスライスで切る。少しずつリフトを下げて、セイムからハイグラに移行していく。

18 バックのセンターは床と水平に引き出し、ハイグラのラインで切る。

BANG　バング

19 バングは2段に分け、下は水平なラインでカット。上は45度にリフトしてカットする。

VOLUME&TEXTURE

20 前頭骨付近のボリュームを抑える。レイヤーのラインでインナーセニングを入れる。

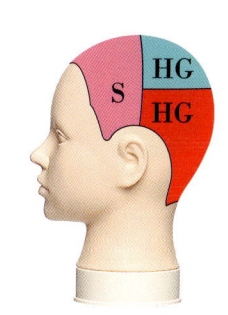

06 バックのセンターは15度のリフトで水平ラインを切る。4〜6でSからHGへ移行していく。

07 次のスライスは前方にODして、リフト45度で切る。

08 同じスライスのバックセンター近く。ODしてリフト45度でカット。

09 最後は横スライスをとり、45度のリフトで水平なラインをカットする。

15 最後は60度のリフトで引き出し、ハイグラのラインでカットする。

毛量調節・質感調節

21 オーバーセクションのサイド中心に毛束感を作る。毛束の側面を削いで細くする。

アンダーセクション

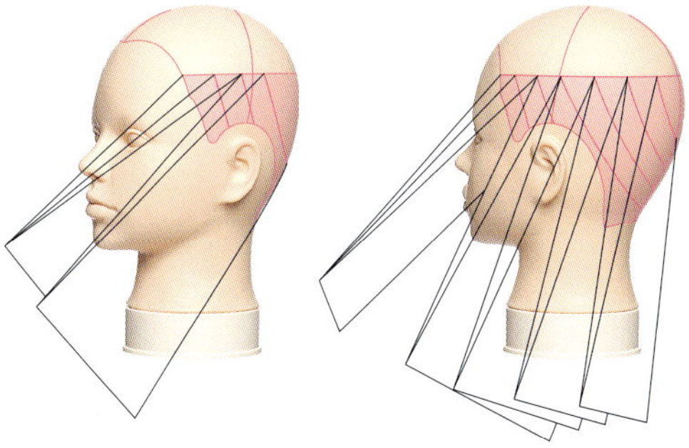

オーバーセクション　　オーバーセクション・トップ

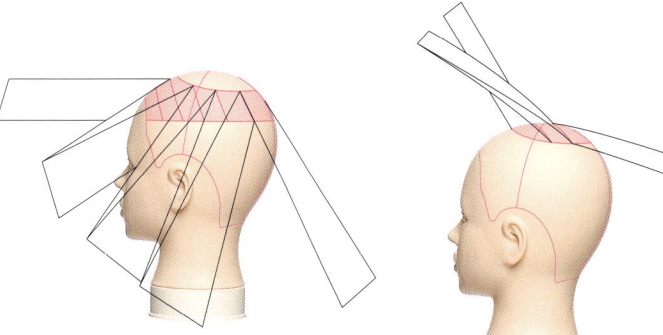

原型 Ⅳ

Side+Back ＋バックのオーバーSで作るスタイル

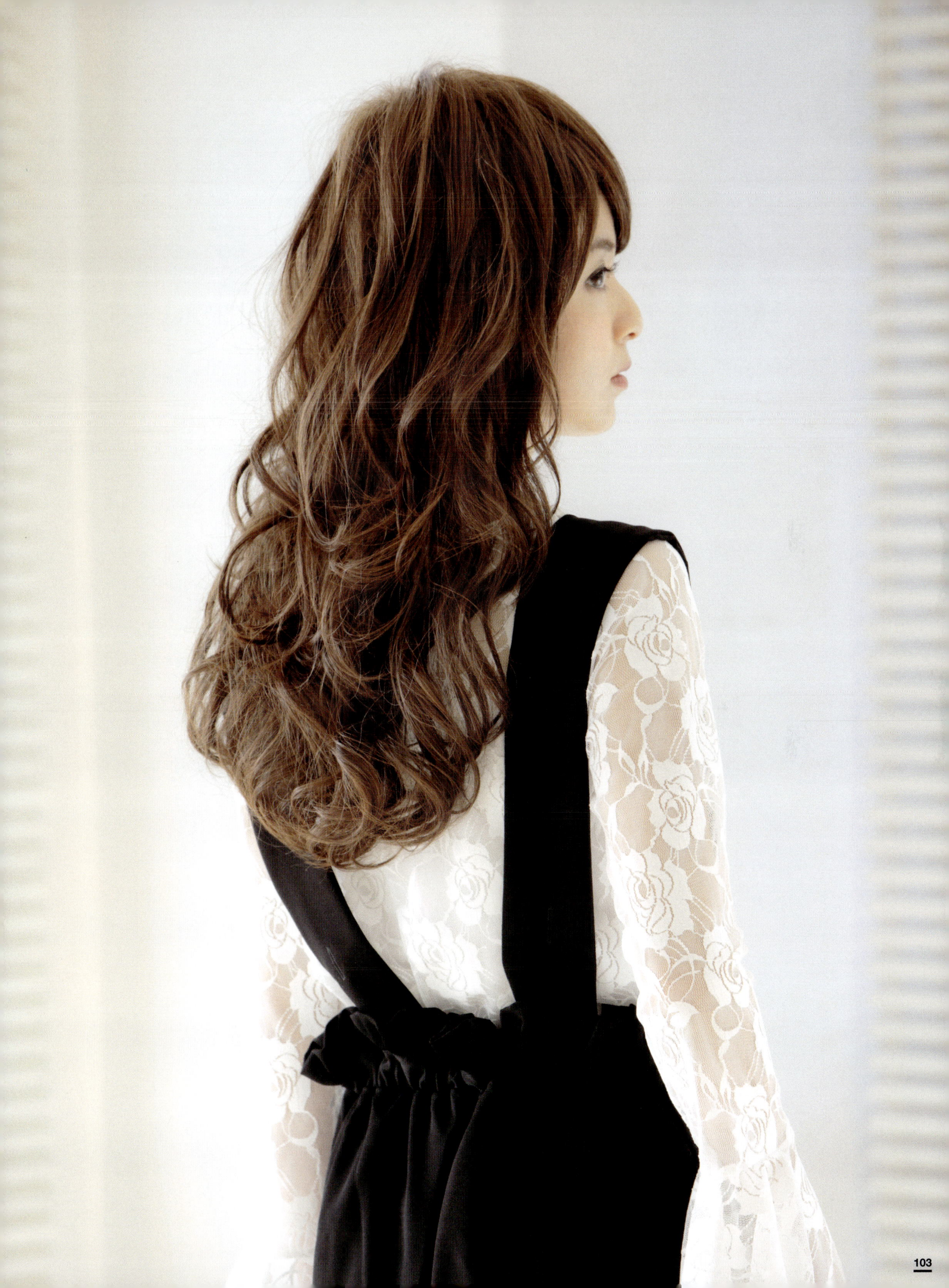

原型 Ⅳ

Side+Back +バックのオーバーSで作るスタイル カットの組み立て

他のロングスタイルに比べると面の部分が少なく、髪の動きと軽さ、毛束感が強調されているデザイン。ただしバックの下部には重さがあるので、過度にカジュアルにはならず、フェミニンな印象も残っている。

UNDER SECTION
アンダーセクション

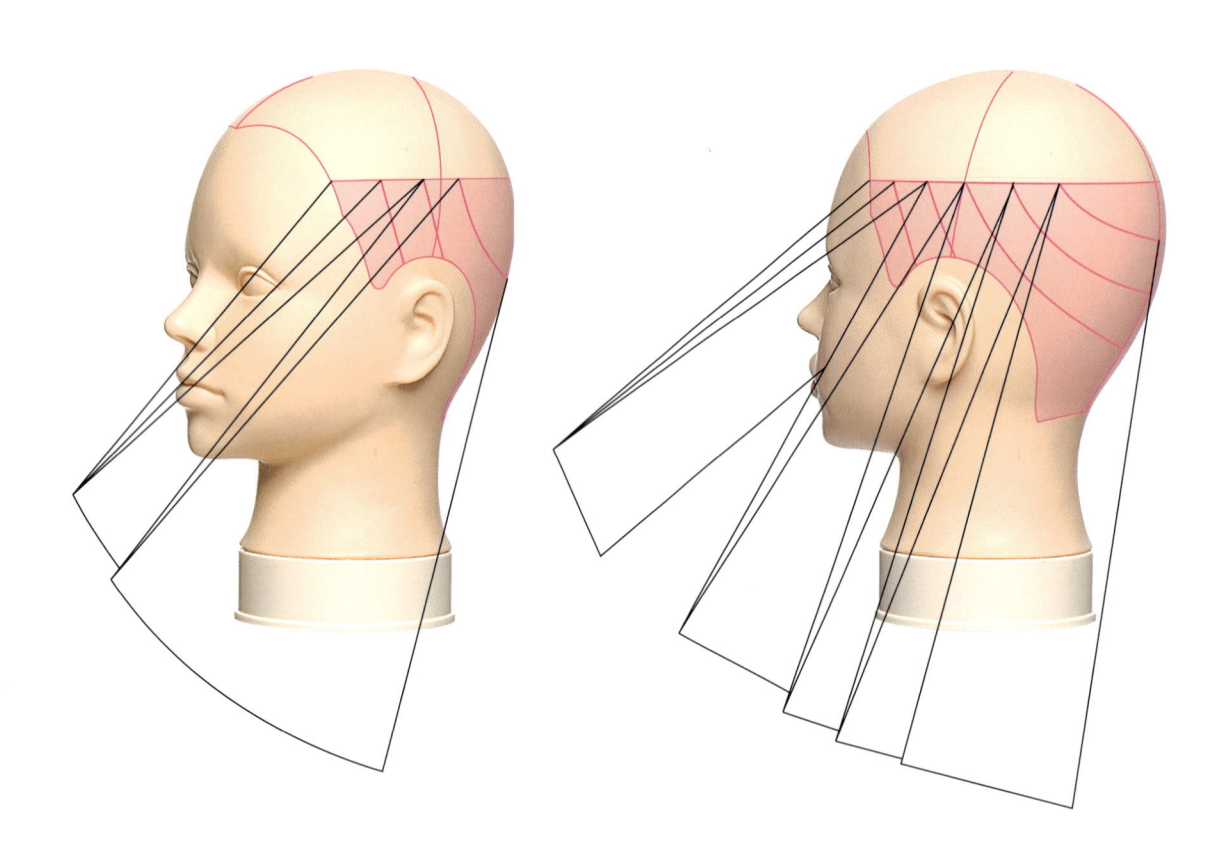

軽さから重さへ変化させる

サイドのセイムレイヤーからバックのグラデーションへと構造を変化させる。フロント際は45度のリフトで切り始め、少しずつリフトを下げていき、バックのセンターはダウンシェープで切り終えるのでほとんどワンレングスになる。

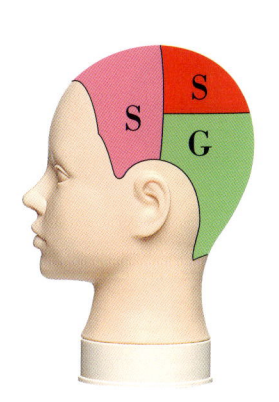

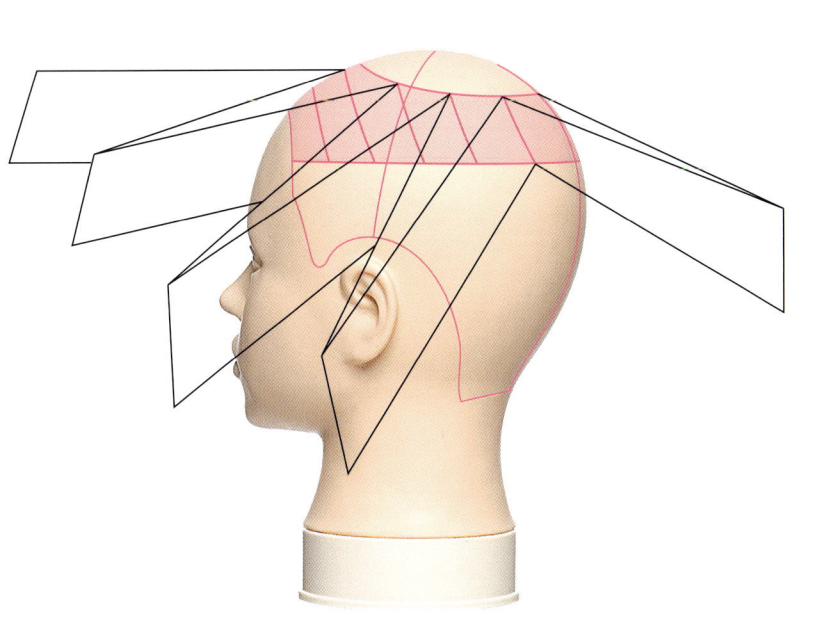

OVER SECTION
オーバーセクション

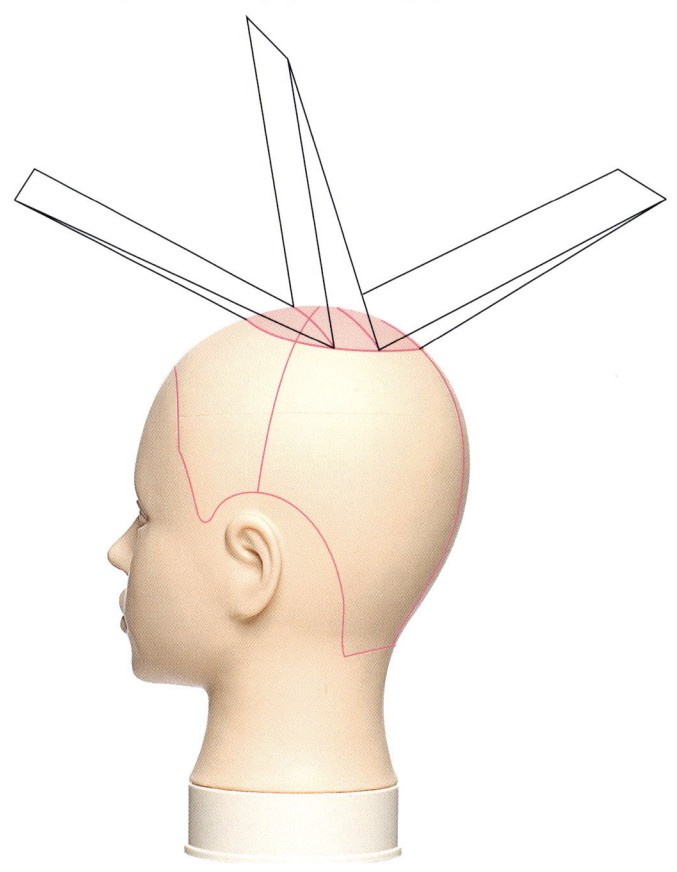

サイドもバックもセイムレイヤーに

髪の動きや軽さを表現している部分。ここで切った毛先とアンダーのすそとの間にはかなり差ができるので、幅広の段差がつく。アンダーよりも一気にリフトを上げてカットしている。

OVER SECTION TOP
オーバーセクション・トップ

動きを一番目立たせる部分

スタイルの表面の髪になる部分。正中線に対して斜めに交わるスライスをとり、100度の高さまでリフトしてカットする。

原型 Ⅳ

Side+Back ＋バックのオーバーSで作るスタイル　カットのプロセス

UNDER SECTION　アンダーセクション

01 バックはハの字スライス、サイドは横スライスですそを切る。みつえりから耳後ろは後方にODして切る。

02 フロントに斜めスライスをとる。45度前方にODして斜めのラインでセイムレイヤーにカットする。

03 次のスライスは2と同じ位置に引き出して斜めのラインでカット。

04 サイドからバックにかけて分け取る。サイドは前方にODしながらパネルを45度リフトして斜めにカット。

05 同じスライスの耳後ろは少しスライスを横にし、ODしながらリフトを30度に下げて斜めのラインで切る。

OVER SECTION　オーバーセクション

09 フロントに縦スライスをとり、床と水平方向前方にODし、セイムレイヤーにカットする。

10 次のスライスは9と同じ位置に引き出し、同じくセイムレイヤーをカットする。

11 サイドは前方にODしつつ、パネルを90度にリフトしてカットする。

12 バックも前方にODし、90度のリフトで切り進む。ここから前方へのODを少し小さくしていく。

13 みつえり上付近。90度のリフトは変えないが、サイドより前方への引きを小さくしてカット。

OVER SECTION TOP　オーバーセクション・トップ

15 フロント際は縦に近い斜めスライスをとり、前方にOD、リフト100度で引き出し、セイムレイヤーをカットする。

16 サイドからバックにかけてもODし、100度のリフトのままセイムレイヤーをカットする。

17 バックのセンターは真後ろに100度のリフトで引き出し、セイムレイヤーをカットする。

BANG　バング

18 バングは2段に分け、下は水平なラインでカット。上は45度にリフトしてカットする。

VOLUME&TEXTURE

19 トップのバック寄りに削ぎを入れ、浮きをつくる。毛束を引き出して裏面をスライドカットで削ぐ。

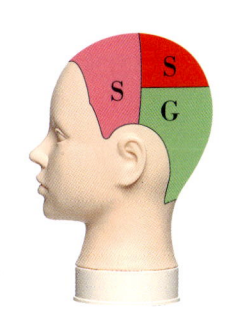

06

同じスライスのバックセンターは15度のリフトで水平ラインを切る。4〜6でSからHGへ移行していく。

07

次のスライス。耳後ろは5同様、ODして30度リフトして斜めのラインでカットする。

08

最後は横スライスをとり、15度のリフトで水平なラインをカットする。

14

最後は90度のリフトで真後ろに引き出し、セイムレイヤーをカットする。

毛量調節・質感調節

20

後頭部下の毛先に質感をつくる。やや前方に少しリフトして引き出し、毛先をポインティングで削ぐ。

アンダーセクション

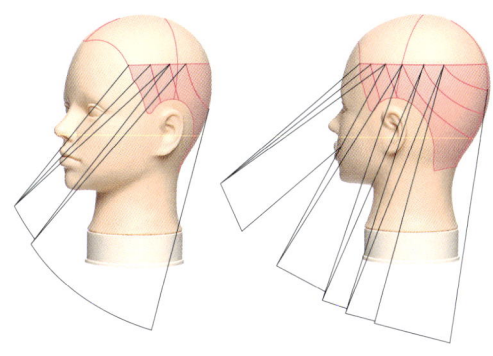

オーバーセクション

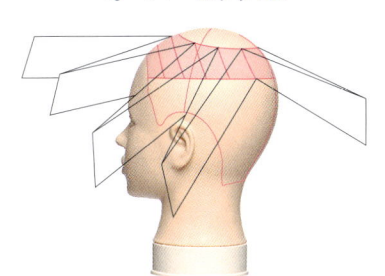

オーバーセクション・トップ

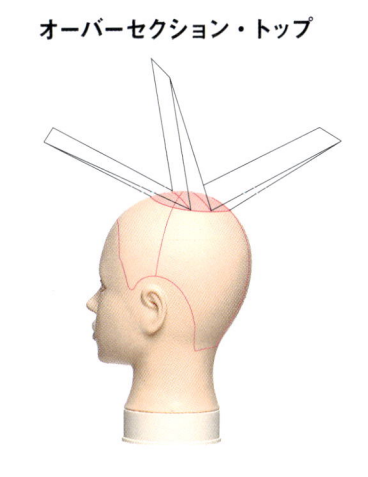

Basic principles of hair cut　カットの基礎知識

ⓖ ⓗⓖ ⓢ ⓛ …段差がフォルムを作る

**グラデーションと
レイヤーの定義**　｜　カットスタイルは髪の積み重なりでできている。頭皮に対して垂直にパネルを引き出した際に、上部の長さと下部の長さがどうなっているかによって、4つのパターンに分類できる。この本におけるG、HG、S、Lの表記もこの分類に基づいている。

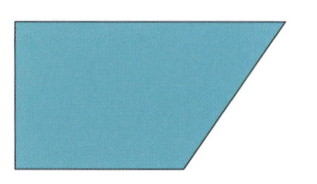

グラデーション(G)
パネルの上が長く、下が短くなっている状態。

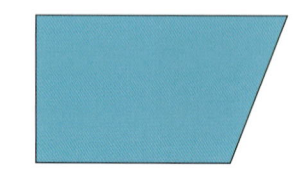

ハイグラデーション(HG)
パネル上部の方が下部より長いが、その差が小さい状態。

セイムレイヤー(S)
パネル上部と下部の長さが同じになっている状態。

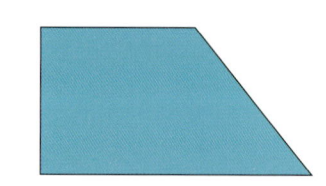

レイヤー(L)
パネルの上が短く、下が長くなっている状態。

GとLのフォルムの特徴

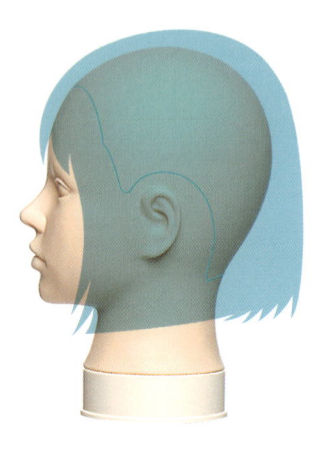

グラデーション(G)のスタイル
ワンレングス、もしくはそれに近い重さを感じさせる。フォルム全体に横幅があり、重心が低い。

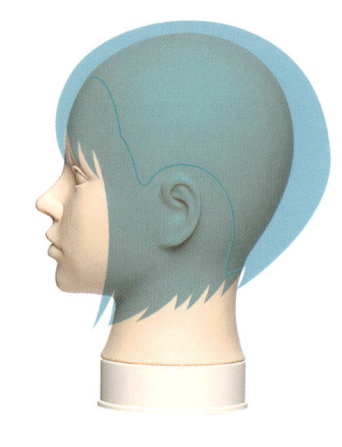

ハイグラデーション(HG)のスタイル
グラデーションの中でも軽さを感じさせる。フォルムに丸みがあり、重心の位置が高くなる。

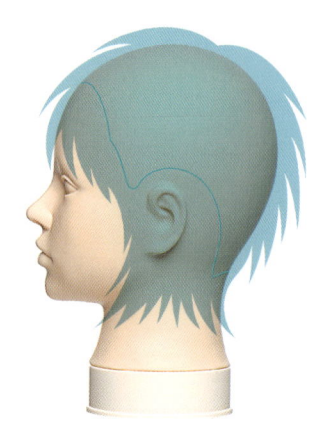

セイムレイヤー(S)のスタイル
頭の形を反映した、丸みはあるが縦長なフォルムになる。グラデーションと違って髪に動きが出てくる。

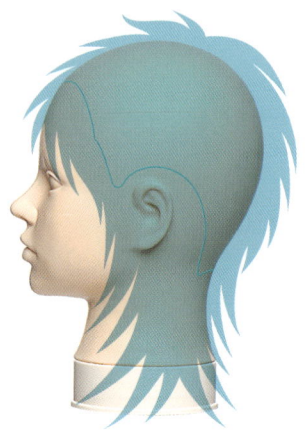

レイヤー(L)のスタイル
細身で縦長なフォルムになる。毛先が薄くなりルーズな印象が出る。Sよりさらに髪に動きが出る。

G/HG/S/Lを組み合わせた2セクション

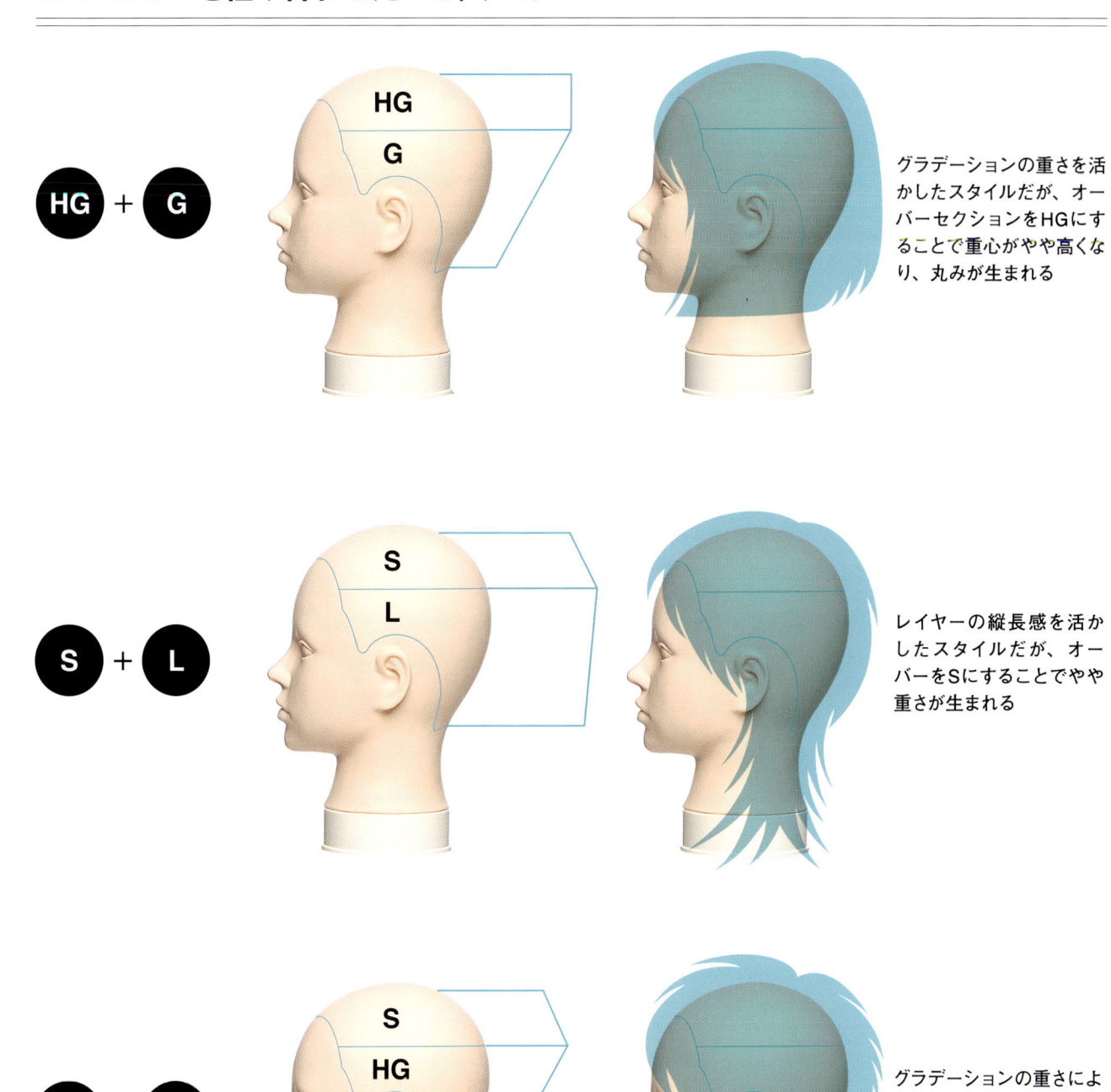

HG + G

グラデーションの重さを活かしたスタイルだが、オーバーセクションをHGにすることで重心がやや高くなり、丸みが生まれる

S + L

レイヤーの縦長感を活かしたスタイルだが、オーバーをSにすることでやや重さが生まれる

S + HG

グラデーションの重さによる安定感に、オーバーセクションに動きを加えている

109

Basic principles of hair cut　カットの基礎知識

フォルムコントロールに役立つカット技法

| **リフティング** | 髪を実際に落ちる位置ではなく持ち上げて切ると、落ちた時に段差がつく。この段差の幅を変化させる技法。 |

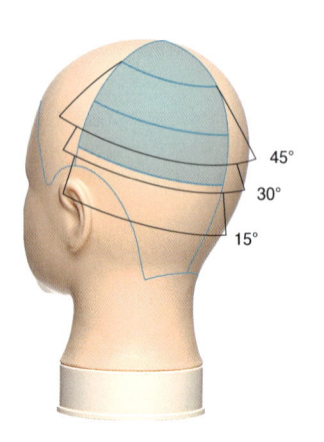

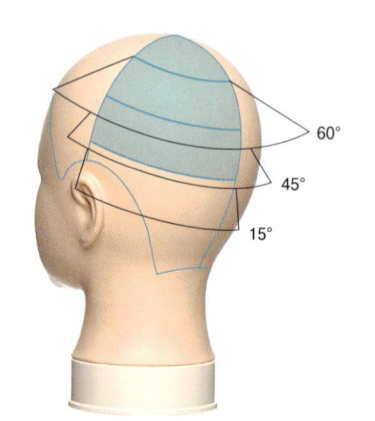

パネルのリフトが高くなるほど段差は幅広くつく。なお、横スライスの場合、90度以上にリフトして切るケースはほとんどない。

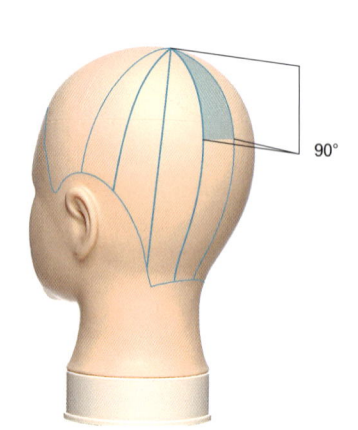

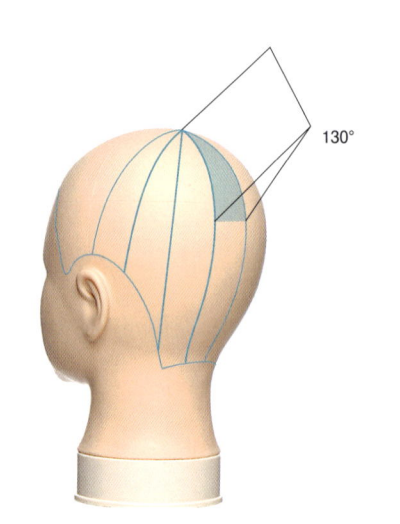

縦スライスの場合も引き出す角度が高いほど段差が幅広くつく。

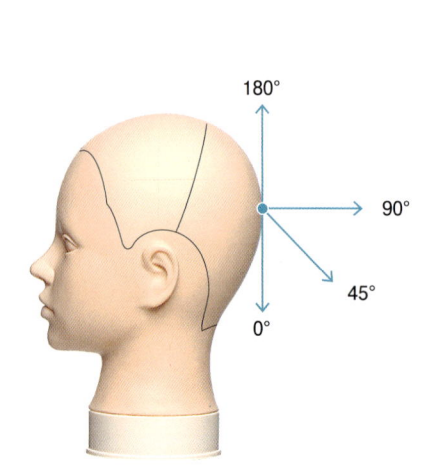

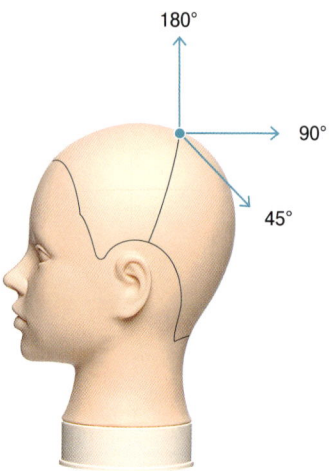

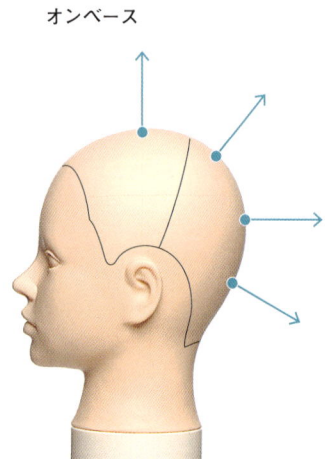

本書で「××度にリフトして」と書いてある場合は真下が0度、真横が90度、真上が180度を差し、頭皮に対しての角度ではないので注意してほしい。逆に「オンベース」と書かれている場合は頭皮に対して90度の角度という意味。

オーバーダイレクション(OD)

リフティングが縦のつながりを変化させるカット技術だとしたら、ODは横のつながりを変化させる技術。パネルを前や後ろに引いて切ることで、長さに変化をつける。

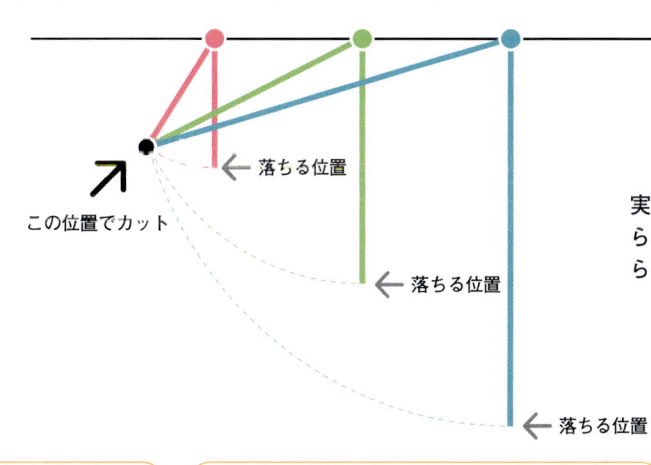

← 落ちる位置
この位置でカット
← 落ちる位置
← 落ちる位置

実際に落ちる位置に近い位置で切られた髪は短くなり、遠い位置で切られた髪は長くなる。

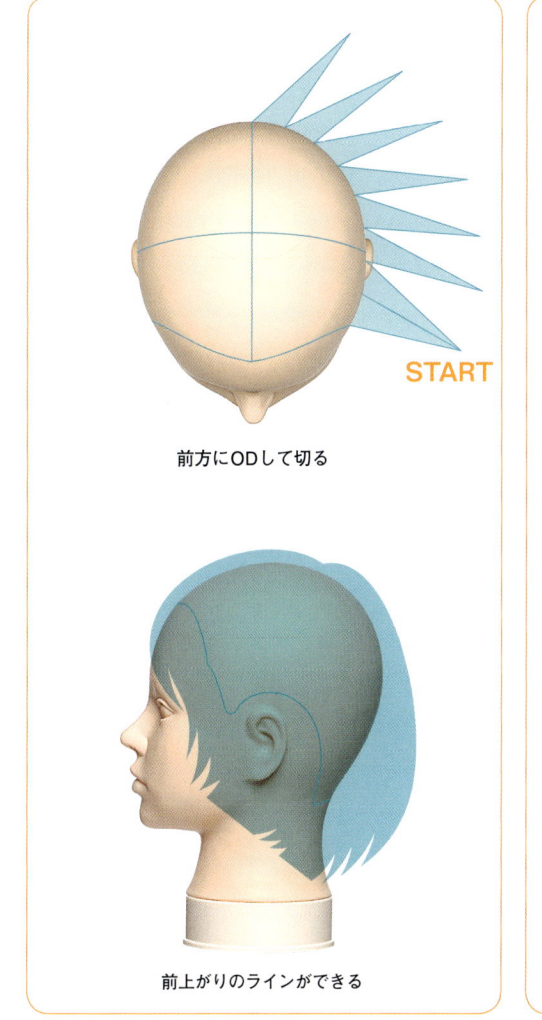

START

前方にODして切る

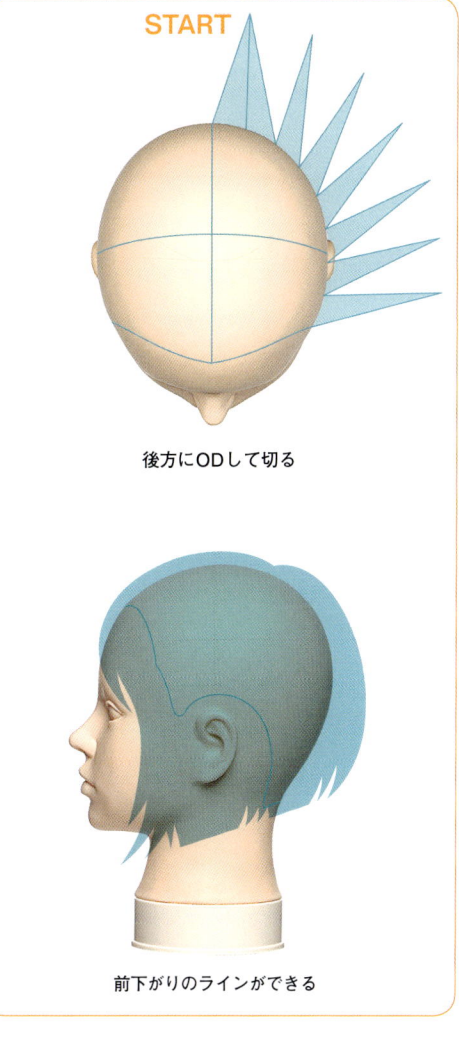

後方にODして切る

前上がりのラインができる

前下がりのラインができる

上の原理を応用して、パネルを前方もしくは後方に引いて切った例。切り始めだけはオンベースで切るが、それ以降は1つ前のスライスに寄せて切っている。前方に引いて切ると後ろが長くなって前上がりのラインができ、後方に引いて切ると前が長くなって前下がりのラインができる。

Basic principles of hair cut　カットの基礎知識

毛量調整と質感調整のカット

ベースカットの後、ドライしてから行うことが多い「削ぎ」のカット。
毛量を減らす目的の削ぎと、質感や動きを作るための削ぎの2種に分かれる。なお、この本ではセニングシザーは使用していない。

| インナーセニング | 主に毛量を減らしてボリュームを調整するためのカット。ベースカットに加え、造形の調整にも役立つ。縦に引き出したパネルから、下記のように目的に合わせたラインで間引いていく。あまり大きく削ぐとフォルムが崩れるので、削ぎの空間は1、2ミリに留める。 |

インナーレイヤー

引き出したパネルをレイヤーのラインで間引いていく技法。フォルムをフラットにする効果がある。
レイヤーのベースにさらにインナーレイヤーを入れると、フォルムをよりフラットにできる。

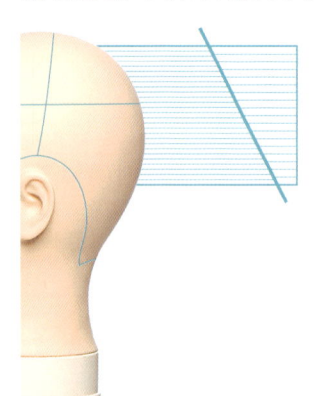

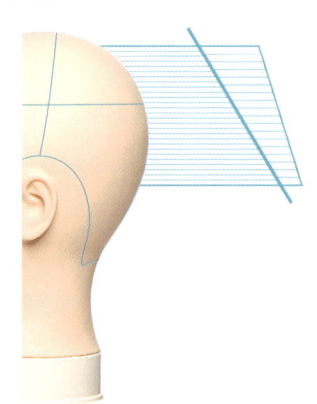

インナーグラ

引き出したパネルをグラデーションのラインで間引いていく方法。フォルムに丸みを与えながら量感を減らせる。
グラデーションのベースにインナーグラを入れると、ウエイトを残しながら毛量が減らせる。

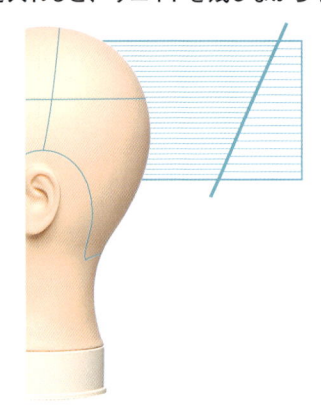

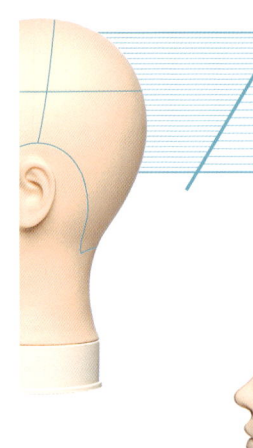

量感が発生しやすい場所

骨格と髪の生え方によって、必然的に毛量がたまりやすい部分がある。代表的なのは骨格がはっている頭のハチやフロント。またもみあげの上や耳の後ろなどもたまりやすい。インナーセニングはこうした場所に使うことが多い。

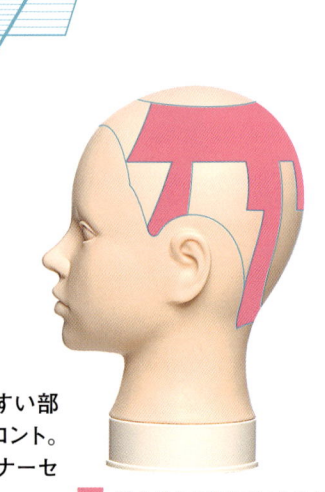

■ 重さがたまりやすいところ

ラインセニング
こちらはパネルではなく毛束を対象とした削ぎ。毛束の上下左右を削ぐことによって、隣り合う毛束と毛束の間に空間を作り、動きと束の質感を出す技法。

サイドセニング

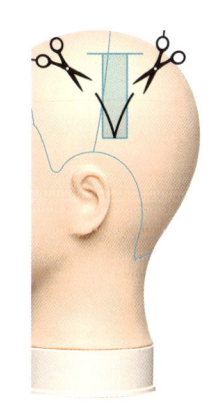

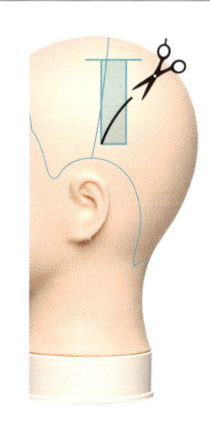

毛束の左右の側面、もしくはどちらか一方だけを削ぐ。両側を削ぐと左右の動きと束感が生まれる。一方向だけに動かしたい場合は片側だけを削ぐ。

アンダーセニング

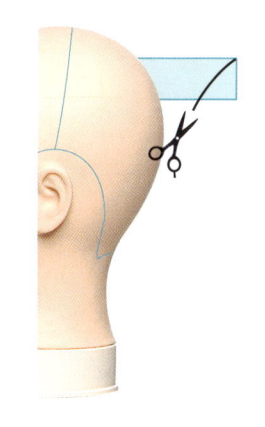

毛束の下側を削ぐラインセニング。下側を削ぐことで、毛束の浮き感を出す。

ポインティング
毛先にシザーを縦に入れて、切り口をギザギザにしていく削ぎ。毛先に軽さを与え、周囲となじませる効果がある。

ポインティングは均一で小さな削ぎを指し、大きく不ぞろいに削ぐ場合はチョップカットと呼ばれる。

113

おわりに

美容室において、ひとりひとりの生産性を高めなければいけないという議論がされるようになってから随分時間が経っています。カットを勉強するのに、以前だったらがむしゃらにウイッグを切って、その中から自分なりの手応えを探っていくというのもアリだったのですが、今では難しい状況になってきました。美容をめぐるビジネス形態が変わり、ネットやSNSの普及で若いスタッフひとりひとりが受け取る情報量が増え、高齢化社会によりサロンの顧客の年齢層も高年齢化している状況においては、この時代にふさわしい勉強法があってしかるべきだと思います。やみくもにトレーニングを積み重ねるのではなく、結果が見えるところで効率的に学んでいく必要があります。

場当たり的に、偶然性によってできてしまったスタイルは、それ自体は結果として魅力的かもしれません。しかし実力として身につくかというと話は別です。これから先ずっと美容師としてハサミを持ち続けるためには整理されたカット理論が必要ですし、後輩にレクチャーする立場になった際に、わかりやすい説明ができる力も求められます。30代、40代、それ以上と美容師としてのキャリアを積み重ね、キャリアに相応しいカットのクオリティを提供していくために、この本が役立てば幸いです。

Fiber Zoom 井上和英

監修
井上和英
Fiber Zoom

カットプロセス
西浦かおり　p.28,40,66,80,94
佐竹良健　p.34,46,60,86,100
伊藤亮太　p.16,22,54,106
小田英紀　p.74

ヘア
西浦かおり　p.24,50,62
佐竹良健　p.12,36,42,70,82,96,102
伊藤亮太　p.18,76,90
小田英紀　p.30,56

メイク
金田英里　（cheveuxcourts）

スタイリング
永井花江　（Kitty）

衣装協力
Kitty

デザインレイアウト
COMBOIN

撮影
冨田泰東　（新美容出版）

編集
峰島幸子　（新美容出版）

カットの力を効率的に高める
「プラス１セクション」
トレーニング

定価(本体4,000円＋税) 検印省略
2015年3月19日　第1刷発行

著者　Fiber Zoom

発行者　長尾明美

発行所　新美容出版株式会社
〒106-0031　東京都港区西麻布1-11-12
編集部 TEL 03-5770-7021
販売部 TEL 03-5770-1201　FAX 03-5770-1228
http://www.shinbiyo.com
振替　00170-1-50321

印刷・製本　凸版印刷株式会社

©Fiber Zoom&SHINBIYO SHUPPAN Co.Ltd.
Printed in Japan2015

この本へのご意見ご感想、また弊社の単行本に
対するご要望をお寄せください。
post9@shinbiyo.co.jp